Dans la même collection

Don Juan, mythe littéraire et musical : présentation de Jean Massin.

Anthologie des interprètes : texte de Claude Nanquette.

Paul Dukas : *Chroniques musicales sur deux siècles 1892-1932,* Préface de Jean-Vincent Richard.

Albert Lavignac : *Le Voyage artistique à Bayreuth.* Préface de Pierre Combescot.

Jean-Philippe Rameau : *Musique raisonnée.* Présentation de Catherine Kinztler et Jean-Claude Malgoire.

En petit format :

Jean-Jacques Rousseau : *Écrits sur la musique.* Préface de Catherine Kintzler.

Pablo Casals : *Ma vie racontée à Albert E. Kahn.*

Jean Cocteau : *Le Coq et l'Arlequin.* Préface originale de Georges Auric.

Robert Schumann : *Sur les musiciens.* Préface et notes de Rémi Jacobs.

Jean Beck : *La Musique des troubadours.* Préface de Monique Rollin.

Rolf Liebermann : *Actes et entractes.*

Dom Joseph Pothier : *Les Mélodies grégoriennes.* Préface de Jacques Chailley.

Ravi Shankar : *Musique, ma vie.* Préface de Yehudi Menuhin.

Félix Mendelssohn : *Voyage de jeunesse, Lettres européennes 1830-1832.* Préface de Rémi Jacobs.

Hector Berlioz : *Les Soirées de l'orchestre.* Préface et notes de François Piatier.

Jean-Paul Couchoud : *La musique polonaise et Witold Lutoslawski.*

A paraître :

Maurice Fleuret : *Combats pour la musique.* (A partir de conversation avec Claude Glayman.)

Jean-Claude Éloy : *Musiques hors frontières.*

Dossier Xenakis

Etc.

MUSIQUE DE LA VIE

For dear Jill
with love
Pat

Béla Bartók

Musique de la vie

Autobiographie,
lettres et autres écrits choisis,
traduits et présentés
par
Philippe A. AUTEXIER

STOCK MUSIQUE

Photo de couverture : Kata Kálmán, 1936
(Bureau hongrois de presse et de documentation).

A l'exception des textes publiés en français du vivant et avec l'accord de Bartók (cf. p. 48, 70, 107) et d'une lettre originale en français (cf. p. 97), toutes les traductions sont dues à Philippe Autexier.

Préface

Avec une pensée spéciale
pour András Szőllősy
et Danielle Gaillot.

Au cours de l'un de mes premiers séjours à Budapest, j'eus une longue conversation avec un vétéran de la musique hongroise contemporaine. A la fin, je demandai à mon hôte [1] s'il avait connu Bartók. Sa réponse fut surprenante : « J'ai au moins connu beaucoup de ses œuvres. Pour le reste, il ne m'a jamais adressé qu'un seul mot, *Igen,* et il voulait en fait dire *Nem* [2] ! » Une brève histoire me fut contée en guise d'explication :

Budapest, un soir d'hiver. Le téléphone sonne. Monsieur Béla Bartók saisit le combiné :

— Oui...

— Bonsoir, Maître. Excusez-moi de vous déranger, mais votre ami le professeur Kodály m'a conseillé de le faire. Je suis un jeune compositeur et aimerais connaître...

Une sonnerie interrompt l'élan de la phrase toute préparée : Maître Bartók a raccroché ! Il n'aime pas qu'on le dérange, il n'aime pas qu'on s'introduise grâce à un tiers et il considère que la composition ne s'enseigne pas. En conclusion, il n'a aucun avis, aucun conseil à prodiguer à son jeune interlocuteur et il coupe simplement la communication.

Cette anecdote, qui fait d'abord sourire, est un point de départ presque idéal pour méditer sur la personnalité de Bartók, ne serait-ce que parce qu'elle révèle le refus absolu de toute concession et de toute mondanité. Une telle attitude ne trahit pas l'irascibilité d'un être, mais bien au contraire le profond sentiment humain qui se cache derrière cette rigueur (les lettres de Bartók à ses proches en sont les témoins émouvants). En ce sens, le caractère d'un Bartók est exactement à l'opposé de celui d'un Beethoven. Mais surtout : il est plus abscons, il ne se laisse pas saisir facilement et n'en est que plus attachant. Ce qui est vrai de l'œuvre l'est ainsi tout autant de l'homme. La douleur de celui-ci engendre la splendeur non moins douloureuse de celui-là, un peu à la manière du théorème de Lucian Blaga [3] :

Aucune souffrance n'est si grande
Qu'elle ne puisse se muer en chant.

Le sentiment de Bartók le conduit hors des villes et de leur culture dénaturée ou avilie par l'exhibitionnisme et l'affairisme. A vingt-quatre ans, il découvre le peuple des campagnes et, bien sûr, sa musique. Une nouvelle passion s'éveille en lui, qui s'ajoute à celle qu'il connaît depuis son plus jeune âge pour la composition. Désormais, la recherche folklorique occupera une grande partie de son temps. Cette « symphonie pastorale » est évidemment appelée à jouer un rôle dans sa musique, mais il convient de ne rien exagérer en ce sens. On recherche trop souvent à expliquer les œuvres en fonction d'une seule préoccupation de leur auteur. Beethoven et Prométhée, Mozart et la Mort, Debussy et la Bastille, Bartók et la Modulation champêtre... voilà autant de clichés qui nous rassurent, certes, mais ils nous imposent en même temps une vision trop exclusive et réductrice de la musique. Chez Bartók, le folklore ne détermine aucunement l'acte créateur, mais il s'y appose, comme toute autre influence. Il faut insister sur ce point : personne n'a jamais écrit de bonne musique en ne faisant que subir des influences ; tout grand compositeur possède une aussi grande faculté d'assimilation. L'influence peut être un aliment, elle n'est jamais un organisme.

Je voudrais que le présent travail contribue à consolider cette opinion. Il paraît à l'occasion du centenaire de la naissance de Béla Bartók, en une façon d'hommage. Cet hommage serait d'autant plus profond s'il permettait, comme c'est mon vœu, à tous les lecteurs francophones et francophiles d'en tirer une image plus complète et plus juste du musicien magyar.

En dehors des textes d'intérêt biographique ou esthétique, les écrits de Bartók ont l'avantage appréciable d'offrir à leurs lecteurs un véritable voyage folklorique à travers l'Europe centrale et orientale, l'Asie mineure et l'Afrique septentrionale. Ils ont donc, comme les grandes œuvres du compositeur, une authentique fonction universelle.

J'ai rangé les différents textes de ma collection en trois parties. La première campe un *autoportrait* de Bartók, à travers sa vie et ses œuvres, telles qu'il les a décrites dans des lettres et des articles. La deuxième partie rassemble des écrits à caractère *esthétique :* opinions sur l'évolution de l'art musical, réflexions sur l'œuvre d'autres musiciens, ainsi que sur le travail musicologique, dans lequel Bartók fut aussi un pionnier. La dernière brosse un tableau de ses recherches dans le domaine de la *musique populaire.*

On dit que tout ouvrage trahit son auteur. Je veux espérer que seul Bartók est présent dans les pages qui suivent ! Je me suis efforcé, en tout cas, de ne pas sélectionner ses écrits en fonction de mes propres goûts ou de mes opinions personnelles, mais seulement en fonction de leur représentativité de l'ensemble de l'œuvre fêté. J'ai gardé la même attitude dans mon travail d'annotation des textes. Je voudrais donner ici quelques explications sur ces deux points, ainsi que sur les problèmes de traduction.

Les écrits de Bartók sont, en majorité, rédigés en hongrois et en allemand. On en trouve aussi en anglais, en français, en italien, en roumain, et, bien plus rarement, dans d'autres langues européennes. Beaucoup de textes existent en plusieurs versions un peu différentes. Pour faire une bonne sélection, il fallait toutes les comparer et choisir celles qui étaient les plus adaptées au présent recueil.

Si j'avais constaté des nuances ou des modifications notables et significatives entre les différentes versions d'un même texte, je les aurais mentionnées dans des notes en bas de page. Le cas fut rare, et j'en viens seulement par ce biais à la question de l'annotation. Son but est de préciser les références de Bartók ou, très exceptionnellement, de corriger certaines erreurs mises au jour par de récentes recherches. Je considère aussi mon texte de liaison comme une sorte d'annotation, avec tous les éléments biographiques, culturels et bibliographiques qui s'imposaient [4].

Les textes originaux de Bartók, auxquels tout historien pourra facilement se reporter grâce aux références données pour chacun d'eux, sont rédigés dans une langue très sûre. Le style y est tout de précision, parfois même aux dépens d'une certaine facilité de lecture. L'écriture de Bartók est vive, voire ironique à plus d'un endroit, exactement comme sa musique. Dans ces conditions, ma traduction se devait d'être plus littérale que littéraire et stylisée. Chez un auteur comme Bartók, le moindre écart (un dièse pour un bécarre) pouvait devenir une véritable trahison, et j'ai parfois beaucoup hésité avant de décider si je devais laisser ou non certaines répétitions. Le choix stylistique l'a emporté dès qu'il n'y avait aucun risque de briser la précision de l'original.

Je crois qu'ainsi ce recueil de textes de Bartók, augmenté de quelques annexes, sera perçu par chacun comme utile et qu'il procurera au plus grand nombre de ses lecteurs l'information et la satisfaction qu'ils sont en droit d'attendre.

Philippe A. AUTEXIER.

* Les notes se trouvent en fin de volume.

Première partie

Autobiographie [1]

Né le 25 mars 1881 à Nagyszentmiklós (une localité du comitat de Torontál en Hongrie, maintenant en Roumanie [2]), j'ai reçu mes premières leçons de piano de ma mère à l'âge de six ans. Mon père, directeur d'une école d'agriculture, montrait d'assez bonnes dispositions pour la musique ; il jouait du piano, avait constitué un orchestre d'amateurs, apprit le violoncelle pour y tenir ce pupitre et s'essaya même à la composition de pièces à danser. Je le perdis alors que j'avais huit ans. Après sa mort, ma mère dut gagner notre pain quotidien comme institutrice ; nous nous installâmes à Nagyszőllős (maintenant en Tchécoslovaquie [3]), puis à Bistritz (en Transylvanie, maintenant en Roumanie [4]) et, pour finir, en 1893, à Presbourg (maintenant en Tchécoslovaquie [5]). Comme je commençais dès l'âge de neuf ans à composer de petites pièces pour piano et que je fis même mes débuts de « compositeur » et de « pianiste » en 1891 à Nagyszőllős, il nous sembla particulièrement important de pouvoir enfin partir pour une ville plus grande. Parmi les cités provinciales de Hongrie, il n'y a pas de doute que Presbourg jouissait à l'époque de la vie musicale la plus intense, de sorte qu'il me fut possible de bénéficier jusqu'à l'âge de quinze ans de l'enseignement de László Erkel (le fils de notre célèbre compositeur d'opéras, Ferenc Erkel) pour le piano et l'harmonie, de même qu'il me fut donné d'assister à des concerts d'orchestre et des représentations d'opéra, qui étaient toutefois plus nombreux que bons. On ne manquait pas non plus d'occasions de pratiquer la musique de chambre, et c'est ainsi que j'appris, jusqu'à mes dix-huit ans, à connaître relativement bien la littérature musicale qui va de Bach à Brahms (mais pour Wagner seulement jusqu'à « Tannhäuser »). En même temps, je composais avec ardeur, sous la forte influence de Brahms et des œuvres de jeunesse, notamment de l'Opus 1, de Dohnányi [6], mon aîné de quatre ans.

Mes études secondaires achevées, la grande question de savoir quelle école musicale je devais fréquenter se fit plus pressante. On considérait généralement le Conservatoire de Vienne comme l'unique endroit pour des études musicales approfondies. Malgré cela, je suivis finalement les conseils de Dohnányi et vins à Budapest, où je fus l'élève du professeur István Thomán (piano [7]) et de János Koessler (composition [8]) à l'Académie Royale Hongroise de Musique. J'y suis resté de 1899 à 1903. Aussitôt après mon arrivée, je me suis mis avec grand empressement à l'étude des œuvres de Richard Wagner (Tétralogie, « Tristan », « Meistersinger »), ainsi qu'à celle des œuvres orchestrales de Liszt. Mais ma propre création, pendant cette période, resta entièrement en jachère. Désormais éloigné du style brahmsien, je ne pouvais pas non plus trouver dans Wagner et Liszt la voie nouvelle à laquelle j'aspirais. (A l'époque, je ne saisissais pas l'importance de Liszt pour le développement ultérieur de la musique ;

dans son œuvre, je ne voyais que ce qui était superficiel [9]). En conséquence, je n'ai presque pas travaillé pendant environ deux années et ne fus considéré à l'Académie de musique que comme un brillant pianiste.

La première exécution d' « Also sprach Zarathustra [10] » à Budapest (1902) m'arracha comme un coup de foudre à cette stagnation ; l'œuvre, reçue avec horreur par la plupart des musiciens de la ville, me remplit du plus grand enthousiasme : je découvrais enfin une nouvelle direction, une nouvelle voie. Je me plongeai dans l'étude des partitions de Strauss et me remis à composer. Une autre circonstance encore se montra décisive dans mon évolution : à cette époque naissait en Hongrie ce courant politique national bien connu dont les effets se ressentaient aussi dans le domaine artistique. En musique, il convenait de créer quelque chose de spécifiquement hongrois. Cette orientation de pensée s'empara de moi et tourna toute mon attention vers l'étude de la musique populaire, ou du moins ce qu'on tenait alors pour tel.

Soumis à ces influences, je composai en 1903 un poème symphonique, intitulé « Kossuth [11] », que Hans Richter accepta aussitôt d'exécuter à Manchester (février 1904). Cette époque donna encore une sonate pour violon [et piano] et un quintette avec piano, respectivement exécutés à Vienne par Rudolf Fitzner et par le Quatuor Prill [12]. Ces trois œuvres restèrent inédites. Appartiennent encore à cette époque la Rhapsodie pour piano et orchestre Op. 1, composée en 1904 et avec laquelle je me suis présenté sans succès au concours Rubinstein de 1905 [13], et une Première suite pour grand orchestre datant de 1905.

Cependant, Richard Strauss ne continua pas

longtemps à me fasciner. L'étude renouvelée de Liszt — notamment de ses créations les moins populaires, comme les « Années de pèlerinage », les « Harmonies poétiques et religieuses », la « Symphonie Faust », la « Danse macabre », etc. — me conduisit, par-delà maint élément superficiel qui ne m'était guère sympathique, au cœur de la question : la véritable importance de cet artiste se révéla à moi ; pour l'évolution ultérieure de la musique, je découvris dans ces œuvres-là une signification beaucoup plus grande que chez Wagner et Strauss.

Je m'aperçus d'autre part que les mélodies hongroises connues comme chansons populaires — qui sont en réalité des airs postiches à la mode et plus ou moins triviaux — présentaient peu d'intérêt, de sorte que je m'orientai en 1905 vers l'exploration de la musique paysanne hongroise qui était jusqu'alors absolument inconnue. En cela, j'eus la grande chance de trouver en la personne de Zoltán Kodály [14] un collaborateur excellent musicien, qui me dispensa avec finesse et discernement maint conseil et maint avis inestimable dans tous les domaines de la musique.

J'entrepris ces recherches en partant d'un point de vue purement musical et uniquement sur le territoire linguistique magyar [15] ; mais plus tard s'y associa le traitement non moins scientifique du matériau, ainsi que l'élargissement des investigations en zone linguistique slovaque et roumaine.

L'étude de toute cette musique paysanne a été d'une importance décisive pour moi parce qu'elle me suggéra la possibilité d'une émancipation complète de l'hégémonie du système majeur-mineur qui existait jusqu'à ce moment-là. En effet, la partie de loin la plus grande et franchement la plus précieuse de ce trésor mélodique appartient aux anciens tons d'église, aux modes grecs anciens ou à certains autres encore plus primitifs (notamment pentatoniques), et montre par ailleurs des constructions rythmiques et des changements de mesures parmi les plus libres et les plus variés, tant dans l'exécution en *rubato* que dans celle à *tempo giusto* [16]. Il s'est avéré que les vieilles échelles qui ne sont plus utilisées dans notre musique savante n'avaient pas perdu de leur vitalité. Leur utilisation permettait aussi de nouvelles combinaisons harmoniques. Le traitement de la gamme diatonique conduisit à la libération de l'échelle majeure-mineure engourdie et, en dernière conséquence, à la disposition tout à fait libre de chacun des degrés de notre système chromatique à douze sons.

Ma nomination comme professeur de piano à l'Académie Royale Hongroise de Musique de Budapest, en 1907 [17], fut pour moi la bienvenue, car elle me permit de m'établir en Hongrie et de poursuivre en outre mes buts en matière de folklore. Lorsque je connus, la même année et à l'instigation de Kodály, les œuvres de Debussy et que je les étudiai, je m'aperçus avec étonnement que certaines tournures pentatoniques tout à fait analogues à celles de notre musique populaire jouaient un grand rôle dans son style mélodique. Sans doute faut-il attribuer ces tournures également à l'influence de la musique populaire de l'Europe orientale, probablement de la musique russe. On trouve les mêmes tendances dans les œuvres d'Igor Stravinsky ; notre époque présente donc dans les territoires géographiquement les plus éloignés les uns des autres la même aspiration : aviver la musique savante avec des éléments d'une musique paysanne fraîche qui n'a pas été influencée par la création des derniers siècles.

Il va de soi que les œuvres que j'ai écrites à partir de l'Opus 4 [18] et qui visent à exprimer la conception que je viens de décrire ont suscité à Budapest une forte opposition. L'une des raisons pour lesquelles on n'y comprenait rien était que nos nouvelles œuvres pour orchestre ne connaissaient que des exécutions assez imparfaites, car il n'y avait ni chef intelligent ni orchestre de concert approprié. Lorsque la lutte devint critique, quelques jeunes musiciens — parmi lesquels on trouvait Kodály et moi-même — tentèrent de fonder une « Nouvelle Société Musicale Hongroise [19] ». Le véritable but de cette entreprise était l'organisation d'un orchestre de concert indépendant qui devait jouer de façon convenable aussi bien la musique ancienne que la nouvelle et la toute récente. Cependant, tous les efforts en ce sens restèrent infructueux. A la suite de cette tentative et de diverses autres, personnelles et avortées, je me suis totalement retiré vers 1912 de la vie musicale publique, mais en me tournant avec d'autant plus d'ardeur vers le folklore musical. Je conçus quelques projets de voyage, assez audacieux étant donné nos conditions ; je pus réaliser l'un d'eux en 1913, en guise de modeste début : je partis en voyage pour Biskra et ses environs afin d'y étudier la musique populaire arabe. Le déclenchement de la guerre — en dehors des raisons globalement humaines — m'affecta d'autant plus profondément qu'il interrompit soudainement presque toutes les recherches de ce genre ; il ne me restait plus guère pour mes études que certaines zones de Hongrie où je poursuivis mon travail de façon un peu plus limitée jusqu'en 1918.

L'année 1917 apporta avec elle une conversion décisive dans le comportement du public budapestois à l'égard de mes œuvres ; j'eus la chance d'entendre une œuvre de grande dimension, le ballet « Le Prince de bois [20] », exécuté enfin de façon irréprochable du point de vue musical grâce à la sollicitude du chef d'orchestre Egisto Tango [21]. En 1918, il assura la première représentation de mon ancien drame musical en un acte, « Le Château de Barbe-Bleue [22] ».

Malheureusement, le marasme politique et économique succéda à ce tournant favorable à l'automne 1918. Les troubles qui y furent liés et qui durèrent environ un an et demi [23] n'étaient pas susceptibles le moins du monde de permettre l'accomplissement paisible de quelque travail sérieux que ce fût.

La situation actuelle ne permet pas non plus l'idée de pouvoir poursuivre les travaux de folklore musical. Désormais, nous ne pouvons plus accomplir ce « luxe » de nos propres forces ; par ailleurs, l'investigation scientifique des parties séparées de l'ancienne Hongrie est presque impossible pour des raisons politiques et à cause de l'hostilité réciproque. Mais il n'y a absolument aucun espoir de voyager dans des pays lointains...

Du reste, on ne trouve nulle part dans le monde un véritable intérêt pour cette branche de la musicologie — il se pourrait qu'elle n'ait pas non plus l'importance que lui attribuent quelques fanatiques [24] !

Personnalité

Les sept lettres qui suivent n'ont pour fin que de donner le ton dominant du caractère de Bartók tel qu'il s'exprime dans sa correspondance. La première lettre est, de loin, la plus importante. Elle nous livre en même temps une clef de sa pensée, de sa conception générale de l'univers. Deux ans plus tard, il développera encore les mêmes thèmes dans deux lettres adressées à Stefi Geyer [1]*. En 1916 enfin, il s'inscrira à l'Église unitarienne de Budapest. Cette Église professait une sorte de panthéisme qui s'accordait assez facilement avec la Trinité vue par Bartók (Nature - Art - Science) ; de plus, elle était profondément antidogmatique et niait la nécessité du baptême. Mais si Bartók s'y inscrivit, c'est surtout parce qu'elle était par excellence l'Église des Sicules* [2]*. Il s'agit donc avant tout de la part du compositeur d'un soutien moral à une ethnie qu'il aime, et cela n'indique aucunement une nouvelle orientation dans sa pensée. Il se contentera d'ailleurs de donner son avis sur les questions musicales, comme la nomination d'un maître de chapelle* [3]*.*

Les autres aspects s'éclairent d'eux-mêmes…

LETTRE A IRMY JURKOVICS [1]

Paris, 18, rue Clément-Marot.
15 août 1905.

Chère Irmy,

J'ai enfin la paix !

La préparation du concours Rubinstein m'a donné un tas de travail ; et tout cela pour rien du tout ! Nous étions cinq candidats au prix de composition, les œuvres des quatre autres étaient au-dessous de la moyenne, la mienne au-dessus ; c'est pourquoi les membres du jury, qui aiment l'ordre et qui souscrivent au principe de la « voie d'or du milieu », n'ont délivré le prix à personne.

Le prix de piano a été gagné par le pianiste anglais Backhaus [2], qui joue effectivement très bien. J'enrage, car on a exigé tant de travail superflu pour ce concours (par exemple, toutes les œuvres devaient être données en deux exemplaires, quoique les membres du jury ne regardassent même pas le second) ; et voilà, je n'avais pas escompté un tel résultat, [mais] tout au plus qu'on trouverait l'œuvre d'un autre meilleure et qu'on lui décernerait le prix. Je me console en me disant que c'est pour cette affaire que je suis venu à Paris, cette ville divine sans dieu. On ne peut pas décrire cela, il faut voir combien de beauté, combien de belles choses il y a ici, au centre du monde. Avec quel grand art Paris est-il construit ! Qu'est-ce que Vienne, Berlin, en comparaison ! (J'espère encore beaucoup de Budapest, mis à part le manque d'anciens monuments artistiques qui sont irremplaçables.) Bien : quand je me serai plongé plus profondément encore dans l'étude de Paris, peut-être vous écrirai-je plus longuement sur toutes ces choses.

Quelques jours se sont écoulés entre-temps et je peux donc effectivement déjà — même si ce n'est que brièvement — écrire sur les innombrables trésors artistiques que j'ai vus jusqu'ici.

Au musée, quelle grande joie est-ce de retomber toujours sur des chefs-d'œuvre que l'on connaît déjà bien en reproductions, Mona Lisa, les Madones de Raphaël, les portraits si connus de Mme Vigée-Lebrun, le Petit Mendiant de Murillo, etc., etc.

Je peux dire que presque aucune peinture ne m'a encore autant impressionné que les grandes compositions de Murillo au Louvre. Mis à part beaucoup d'autres aspects parfaits dont nous pouvons nous faire une idée d'après les reproductions, l'harmonie des couleurs de ces toiles est fascinante comme aucune autre. Chacune a eu sur moi l'effet d'une baguette magique. Je l'inclus dans la série des « effets » que j'ai ressentis par exemple au cours des exécutions de Tristan, de Zarathoustra, plus tard au premier concert berlinois de Weingartner, au concert Beethoven de Dohnányi cette année à Vienne, ou quand j'ai vu pour la première fois la cathédrale Saint-Étienne de Vienne il y a 3 ou 4 ans.

Aujourd'hui, j'ai regardé nombre de toiles des Impressionnistes au musée du Luxembourg.

Mais qui pourrait donc écrire sur tout cela ! ! Sur le Bois de Boulogne (un parc, 8 à 10 fois aussi grand que notre Városliget [3], à un bout de la ville), sur le Bois de Vincennes (une forêt aussi grande à l'autre bout de la ville), tous les deux ornés d'étangs, de statues et de plantes exotiques. Ou encore sur le jardin du Luxembourg, sur les Tuileries, les Champs-Élysées (j'habite à proximité), sur le métropolitain dans lequel on est continuellement secoué, sur le parc Monceau... Quelques mots seulement à propos de ce dernier. Alors que j'errais sans but dans les avenues de Paris, je suis soudainement tombé sur un petit paradis. En tout, ce jardinet fait peut-être deux fois la grandeur de la place Élisabeth à Pest. Mais pour métamorphoser cette minuscule tache — en usant de la nature et de l'art — en quelque chose de si féerique, il faut autant d'ingéniosité que seuls les Français en ont. Parmi des arbres splendides, des fleurs, des buissons, se cachent tant de statues qu'on pourrait organiser avec elles une exposition de printemps. Pour n'en évoquer que quelques-unes : il y a les statues de Pailleron, Maupassant, Thomas, Gounod, toutes sont des monuments poétiques de l'art français [4]. Au frais sous les arbres, il y a un minuscule étang, le long de son bord se trouve une série de colonnes grecques s'effritant et s'écroulant, comme si par hasard les ruines de quelque édifice antique étaient arrivées jusque-là. Le lierre grimpe sur quelques colonnes...

Au « Jardin des Plantes », je me suis promené sous des cèdres du Liban ; sur le « Boulevard des

Italiens », j'ai acheté « Pesti Hírlap » et « A Nap [5] » (que de choses exotiques !).

Et que de belles églises !

Et puis il y a d'autres choses intéressantes à voir, même si elles ne sont pas de haute valeur artistique, par exemple le « Moulin Rouge ». Certes, il n'est pas d'usage que les jeunes hommes écrivent aux jeunes filles à ce propos, mais je fais une croquignole à l'honorable convention et écris quand même que je n'ai jamais vu un tel amoncellement de papillons de nuit fardés et aux cheveux colorés. Et que ces « élégantes » dames sont amicales ! S'il vous plaît : quelques-unes se sont même adressées à moi, et il ne s'en est fallu que de peu qu'elles ne m'embrassassent (!). Mais nous nous étions passé le mot avant d'y entrer : « Motus et bouche cousue ! » Y rester fidèle ne fut pas difficile, car à ce moment-là je ne savais pas dire la moindre syllabe de français. (Maintenant, j'en sais 3 ou 4 ; je sais par exemple aussi que les dames du « Moulin Rouge » ou de ce genre s'appellent « comme il en faut [6] ». On doit donc se garder de dire cela d'une personne convenable au lieu de « comme il faut [6] ».) La taverne nommée « Le Néant [6] » est une boîte de nuit. A la place des tables, on y trouve des cercueils de bois, les murs des salles sont noirs, leur décoration est faite de squelettes ou de parties de squelettes humains, les garçons servent en costume de « Pompe funèbre [6] », l'éclairage est tel que nos lèvres prennent une couleur bleue, nos visages un jaune de cire et nos ongles un violet de lilas (en d'autres mots : que nous ressemblions à des cadavres), et on nous amuse avec des productions de ce genre : un membre de la société est enveloppé dans un drap et placé dans un cercueil où, sous nos yeux, il se transforme en squelette, etc. (Il n'y a pas de choses semblables à [Nagy-]Szentmiklós, n'est-ce pas ?)

En réponse à votre lettre, je dois dire que Bach, Beethoven, Schubert et Wagner ont tellement écrit de musique si fortement caractéristique qu'à côté de cela les musiques française, italienne et slave réunies ne font qu'un petit rien ! Liszt est le plus près des quatre grands, mais il a rarement écrit en hongrois. Ma « Marche funèbre [7] » par exemple pourrait soutenir la comparaison sous l'un ou l'autre rapport, mais une nation ne peut pas entrer en scène... avec un petit morceau de 4 pages, si sublime fût-il ! En bref : nous sommes encore bien loin d'être prêts au départ. Travailler, apprendre, travailler, apprendre, et encore travailler et apprendre, voilà comment nous pouvons arriver à quelque chose. Car en réalité, si nous comparons la musique populaire hongroise à celle des autres peuples, nous parvenons à un jugement étonnamment favorable. Pour autant que je connaisse la musique populaire de peuples étrangers, la nôtre se trouve bien supérieure pour ce qui est de sa puissance expressive et de sa variété. Si un paysan qui compose des mélodies comme l'une de celles jointes ici [8] quittait dès son enfance la vie paysanne et s'il étudiait, il pourrait certainement créer des choses excellentes et de valeur. Malheureusement, le paysan hongrois qui se décide pour une carrière scientifique est [plutôt] rare. Notre intelligentsia est presque exclusivement d'origine étrangère (ce que les innombrables Hongrois distingués qui portent des noms étrangers prouvent) ; et seule l'intelligentsia peut s'occuper de l'art, dans son sens le plus élevé. Mais notre classe dirigeante n'en a pas la capacité ; et même s'il y a des exceptions, celles-ci n'ont pas la moindre réceptivité pour notre art national. Une authentique musique hongroise ne peut naître que s'il y a une authentique classe dirigeante *hongroise*. C'est justement pour cette raison qu'on ne peut rien faire avec le public de Budapest. Là se sont réunis toutes sortes de Juifs et d'Allemands venus l'on ne sait d'où ; ils constituent une grande partie de la population de Budapest. On perdrait son temps à vouloir les éduquer dans le sens national. Éduquons plutôt la province (hongroise).

Quoi ! ! Vous me reprochez d'être pessimiste ? ! !

A un disciple de Nietzsche [9] ? ! !

Chacun doit s'efforcer de planer au-dessus de toute chose ; rien ne doit le toucher ; on doit être complètement indépendant, complètement indifférent. Ce n'est qu'ainsi qu'on peut se réconcilier avec la disparition et l'inutilité de la vie.

Ai-je (plutôt : *avons-nous*) raison ou non ?

Une lutte gigantesque conduit à planer au-dessus de tout ! Que j'en suis encore loin ? ! Il me semble même que ma sensibilité s'accroît au fur et à mesure que j'avance. L'enfant est malheureux quand on lui retire sa pomme. De telles futilités ne touchent pas l'adulte qui se trouve à un degré supérieur ; mais le malheur qu'il ressent quand son amour-propre n'est pas satisfait autant qu'il l'aurait souhaité n'est-il pas plus persistant ? Montons d'un degré encore ! Celui que l'amour-propre n'apaise plus ne souffre-t-il pas continuellement du fait que les hommes, surtout ceux qui lui sont proches par quelque relation que ce soit, poursuivent comme des enfants des choses insensées et qu'ils ne soient pas en mesure de s'élever ? Et si un homme est parvenu au degré le plus élevé, s'il n'éprouve plus ni joie ni peine de pouvoir ou non aider les autres, ne souhaite-t-il pas encore quelque chose, ne souhaite-t-il pas ardemment voir toute l'humanité placée à ce même haut niveau ?

C'est apparemment un paradoxe, cette doctrine renferme une impossibilité, de même que celle des sceptiques. Ceux-ci disent : « On doit douter de tout. — Ah bon, répondent leurs adversaires, mais on doit alors aussi douter qu'il faille douter. » Maman a des propos consolateurs et encourageants pour moi, disant qu'un avenir meilleur m'est encore réservé ! — Oui, mais peut-être sera-t-il trop tard ! Peut-être cet avenir meilleur me laissera-t-il froid à ce moment-là, comme l'adolescent qui regarde avec indifférence le jouet qui lui a donné tant de joie quand il était enfant ! !

J'ajoute ici quelques remarques, ou plutôt quelques observations se rapportant à la Bible et à la religion ; je vous demande vos observations en réponse ; peut-être se développera-t-il à partir de là un échange d'idées :

Il est bizarre qu'il soit dit dans la Bible : « Dieu créa l'homme. » Alors que c'est justement l'inverse : l'homme a créé Dieu.

Bizarre qu'il soit dit dans la Bible : « Le corps est mortel, l'âme est immortelle », alors que c'est ici encore le contraire qui est exact : le corps (la substance) est éternel, l'âme (= la forme du corps) a un terme.

Bizarre que les métiers de prêtre et d'acteur soient considérés comme opposés, alors que les prêtres et les acteurs clament la même chose : des contes.

Je crois que dans des périodes d'irréligiosité les gens les plus débauchés sont ceux qui seraient devenus de fanatiques prosélytes dans des périodes où la religion domine.

Quelques lignes encore au sujet de la société

internationale qui habite ici dans la pension (chez Mme Condat [6]). Y déjeunent et dînent — ou ont dîné — ensemble quelques Espagnols américains, 2 Espagnols européens, 5 Anglais, 1 Allemand, 1 Français, enfin même un Turc qui — à ce qu'il raconte — vit en polygamie et vante beaucoup cet état. Il a quelque 5 femmes dont il porte sur lui les portraits, dans un médaillon ingénieusement télescopique ! ! C'est un drôle de type. Parfois la conversation est menée simultanément en 4 langues.

Parlez-vous le français ? où avez-vous appris le français [6] ?

Je vous prie de tenir compte du fait que les vains préparatifs au concours Rubinstein m'ont beaucoup accaparé et ne me faites pas attendre aussi longtemps que j'ai attendu cette fois pour [écrire] ma réponse.

Comment va Emsy ? J'ai entendu dire qu'elle quittait [Nagy-]Szentmiklós ! Est-ce vrai ?

Toutes les salutations de celui qui attend votre réponse,

Béla Bartók.

LETTRE A SA MÈRE [1]

Paris, 18, rue etc.
10 sept. 1905.

Chère Maman,

[...]

Si Elza [2] avait plus de ressemblance avec moi, elle ne se soucierait guère de sa « solitude », et cela ne te rendrait pas malade non plus. Quoique je mange à midi avec 20 Cubains — Américains du Sud et du Nord — Hollandais — Espagnols — Anglais, quoique je fasse des excursions avec des Allemands et des Turcs, je suis tout de même un solitaire. C'est en vain que Dietl [3] et Mandl [4] s'occupent pour moi à Vienne, en vain que Thomán et Mme Gruber [5] sont mes amis à Budapest, je remarque soudainement que je suis complètement seul. Et je prophétise, je sais à l'avance que cette solitude morale sera mon sort. Je cherche et recherche bien un compagnon idéal, bien que je sache que je le fais en vain. Et si je devais un jour trouver quelqu'un, de toutes les façons viendrait après peu de temps la déception.

[...] Je me sens un temps presque au sommet, puis vient un effondrement puissant, je lutte alors à nouveau, visant toujours le sommet : et cela se répète sans cesse. Un jour, j'arriverai bien à rester en haut.

LETTRE A FREDERICK DELIUS [1]

Budapest, Teréz-körút 17.
7 juin 1910.

Cher Monsieur Delius,

Je crains que ma Suite [2] et cette lettre ne vous trouvent déjà plus chez vous. Finalement, il y a bien le temps pour la suite, et on pourra peut-être vous faire suivre ma lettre.

Ceci peut être difficile, mais j'aimerais vous décrire quelle grande joie ce fut pour moi — je dirais presque un événement — de faire votre connaissance. Et ceci en laissant la musique tout à fait de côté ! Comme je vous ai vu en tant que simple individu ! Je crains qu'il ne vous semble pas naturel que je vous écrive ces choses que vous avez pu ressentir à ma parole, mais je ne peux pas me retenir de m'exprimer là-dessus. Je suis si seul ici, je n'ai absolument personne à qui parler en dehors de mon seul ami Kodály, et ailleurs je n'ai trouvé personne qui ne me soit dès le départ aussi proche que vous. C'est ainsi que le festival de Zurich [3] est devenu une des plus belles époques de ma vie.

Vous retournez maintenant dans votre Norvège, ou bien y êtes-vous déjà ; cet été je ne peux malheureusement pas quitter la ville — et je ne peux que languir d'ici pour la région sauvage dont vous m'avez parlé [4]. Pourrais-je avoir de temps à autre de vos nouvelles ? J'aimerais aussi savoir si la Suite vous a produit une impression favorable.

Toutes les salutations de votre dévoué,

Béla Bartók.

LETTRE OUVERTE A LA SOCIÉTÉ KISFALUDY [1]

Budapest, *29 déc. 1935.*

Messieurs,

J'ai lu dans les journaux d'aujourd'hui que la Société Kisfaludy m'a décerné cette année la médaille Greguss pour ma Première suite pour orchestre (Op. 3). Je voudrais y ajouter les remarques suivantes :

1. Dans la justification se trouve l'affirmation que la *première* exécution hongroise intégrale de cette œuvre a eu lieu en novembre 1929, *ce qui est faux,* car — Dieu merci — l'œuvre a été jouée en totalité par Jenő Hubay en 1909 [2] et, le 29 novembre 1920, par Antal Fleischer. Dieu merci, dis-je, car il serait extraordinaire d'avoir attendu 24 ans en Hongrie pour la première exécution intégrale d'une œuvre si insigne, considérée comme digne de la médaille Greguss et écrite en 1905.

2. Pourtant, même si l'affirmation de la justification citée plus haut était vraie — or ce n'est pas le cas —, l'attribution [de la médaille] a un défaut. J'aime bien sûr cette œuvre — et en vérité c'est une excellente prestation quand on a 24 ans —, mais entre 1929 et 1934 on a créé en Hongrie des œuvres bien meilleures, beaucoup plus mûres, par exemple la « Veillée sicule [3] » ou les « Danses de Galánta [4] ».

3. Sans qu'on me l'ait demandé, je vous donne néanmoins le conseil bien intentionné de choisir d'urgence pour ces affaires un autre rapporteur. Comment celui qui n'est même pas capable de déterminer quelles sont les œuvres qui entrent en ligne de compte sous le simple aspect des circonstances extérieures de la chronologie peut-il juger de la valeur de ces œuvres ?

4. Permettez-moi enfin de déclarer que ni dans le présent ni dans le futur, dans ma vie et après ma mort, je n'ai l'intention d'accepter la médaille Greguss. Respectueusement,

Votre dévoué.

Béla Bartók.

LETTRE A ANNIE MÜLLER-WIDMANN [1]

[Genève] *14 oct. 1940.*

Chère Madame,

Je voulais encore vous écrire de Budapest, mais les préparatifs du voyage prirent de telles proportions qu'il y en avait vraiment de quoi devenir fou. A cela s'ajouta le fait que 3 jours avant notre départ nous reçûmes un télégramme de Schulthess disant que nous devions partir un jour plus tôt parce que l'autocar partait le 15 au lieu du 16 ! En plus, le 8 octobre, nous avions encore un concert d'adieu à Budapest : j'ai joué le concerto en la majeur de Bach [2], ma femme le merveilleux (et presque inconnu) concerto en fa majeur de Mozart [3] — ce fut sa première apparition en soliste, elle joua très bien — puis nous avons joué le concerto pour deux pianos de Mozart [4], enfin j'ai donné des extraits du Mikrokosmos.

Maintenant, nous sommes ici, le cœur lourd, et nous disons notre Adieu [5] à vous et aux vôtres — pour combien de temps, peut-être pour toujours ! Le départ est difficile, infiniment difficile. Et voir ce merveilleux pays, votre pays, peut-être pour la dernière fois, et avec la pensée de l'avenir qui l'attend et de nos amis qui sont ici !

Mme Stefi Geyer était ici d'hier midi jusqu'à ce soir ; elle nous a beaucoup aidés et nous a donné le dernier salut.

En fait, notre voyage est un saut dans l'inconnu qui part de l'insupportable qu'on connaît. Cela déjà à cause de mon état de santé pas tout à fait satisfaisant ; je veux parler de cette périarthrite qui n'est toujours pas guérie. Dieu sait comment et combien de temps je pourrai travailler là-bas à l'étranger.

Mais il n'y a rien à faire ; la question « *muss es sein* [6] » ne se pose même pas, car « *es muss sein* [6] ».

Je vous remercie ainsi que les vôtres pour tout le bien et pour tout l'amour et l'amitié que vous m'avez donnés, et vous souhaite le meilleur avenir possible.

Votre,

Béla Bartók.

(Adresse : c/o Boosey & Hawkes
43-47 West 23 Street
New York City.)

LETTRES A WILHELMINE CREEL [1]

Albemarle Inn
Asheville, North Carolina. *17 déc. 1943.*

Chère Madame,

J'ai beaucoup de nouvelles à vous donner, et bonnes en majeure partie. Tout d'abord : depuis la fin d'août se manifeste une amélioration décisive de mon état de santé. Les périodes de forte fièvre ont cessé. Naturellement, ceci a eu un effet favorable sur ma sensibilité générale — après un an et demi où j'avais presque tous les jours 100° [2] ou plus de température. L'amélioration progresse encore ; en ce moment, j'ai presque tous les jours une température normale. Néanmoins, les médecins restent incertains au sujet de la maladie dont il s'agissait ! Malgré l'amélioration, ils disent que je dois faire assez attention pendant quelques mois encore, passer l'hiver (toujours sous le patronage de l'A.S.C.A.P. [3]) quelque part au sud, en menant une vie tranquille, sans me surmener, etc. Peut-être ont-ils raison à ce sujet. Je viens donc d'aller seul en exil en Caroline du Nord. Peut-être est-ce un résultat de mon meilleur état de santé : j'ai pu écrire une nouvelle œuvre pour orchestre (commanditée par la Fondation Koussevitsky, je vous en ai probablement parlé dans ma dernière lettre), une œuvre plutôt longue, d'environ 40 min., en 5 mouvements [4]. J'ai été très occupé avec cela pendant tout septembre, sans aucun désagrément pour ma santé. En octobre, nous avons quitté Saranac Lake pour New York, je voulais entendre l'exécution de mon concerto de violon que je n'avais jamais entendu à l'orchestre. L'exécution était vraiment excellente : le soliste, le chef et l'orchestre étaient de première catégorie (le compositeur aussi !), l'orchestre se révéla sans fautes [5]. Ce fut donc un événement heureux.

En même temps, Menuhin étudia la même œuvre et l'exécuta à Minneapolis avec Mitropoulos. Il travailla en plus ma 1re sonate pour violon et la joua dans son récital de New York à la fin de novembre. — Je l'ai rencontré pour la première fois à cette occasion ; c'est vraiment un grand artiste, dans le même concert il joua la sonate en do majeur de Bach [6] dans un style magnifique et classique. Ma sonate aussi a été faite de façon excellente. Quand il s'agit d'un artiste vraiment grand, les conseils et l'aide du compositeur ne sont pas nécessaires, l'exécutant trouve son chemin tout à fait bien et seul. Somme toute, il est heureux qu'un jeune artiste s'intéresse aux œuvres contemporaines qui n'attirent pas de public et qu'il les aime et — les exécute comme il faut [7] — [rature indéchiffrable]. Entre-temps, j'ai reçu de l'Université de Columbia un nouvel engagement pour un semestre [8] ; l'arrangement est que — quoique je reçoive l'argent maintenant — je ferai le travail plus tard, entre avril et déc. 1944, car pour le moment je n'ai pas la permission de le faire. — Voilà pour les bonnes nouvelles.

Pour ce qui est des mauvaises — je n'en évoquerai que quelques-unes. D'abord : l'impossibilité de publier mes travaux scientifiques (matériau de musique populaire roumaine et turque) [.] Naturellement, mon essai sur les chansons populaires serbo-croates sera publié par Columbia University Press, peut-être [même] sortira-t-il à l'automne prochain. Mais pour les autres, il n'y a pas beaucoup d'espoir. Ce qui m'a particulièrement irrité fut la manière injuste des négociations avec la bibliothèque publique de New York. Décrire les détails de ces malheureuses transactions prendrait trop de place et ne vaudrait pas la peine. Maintenant, j'ai déposé tous les manuscrits à la bibliothèque de l'Université de Columbia. Ils sont à la disposition des rares personnes (très rares en vérité) qui peuvent s'y intéresser. Mais ce qui m'inquiète le plus, c'est cette procédure [= évolution] lente, traînante, sur les « champs de bataille ». Il n'y a plus de juste fin — et la destruction de l'Europe (peuples et œuvres d'art) se poursuit sans répit ni merci. Personnellement, je ne sais pas combien de temps je pourrai supporter l'insécurité de cette vie de bohème ! (Mais pour 1944, au moins, mes subsides sont assurés, il n'y a pas à s'inquiéter là-dessus.) Et le destin de la pauvre Hongrie, avec le danger russe à l'arrière-plan... les perspectives d'avenir sont plutôt sombres.

Ditta [9] est maintenant à New York, où elle essaie sans trop de résultat de travailler un peu. Péter va bientôt être incorporé — tout cela n'est pas perspective bien réjouissante.

Mes manuscrits d'œuvres musicales sont conservés dans la maison d'un de mes amis. Pour diverses raisons, je n'ai reçu les pages sélectionnées qu'au dernier moment, juste avant de quitter New York, de sorte qu'elles seront expédiées par Ditta. Quelques mots d'explication : comme vous le verrez, j'ai eu beaucoup de difficulté avec le second rondo. Je voulais d'abord y inclure un 3e thème qui s'est montré impraticable par la suite. L'autre manuscrit est une transcription pour 2 pianos d'une pièce du Mikrokosmos, en deux copies quelque peu différentes. En voici l'histoire : la première transcription (1 page) a été écrite en Hongrie. Quand nous arrivâmes à New York en octobre 1940 et qu'il nous fallut la jouer dans notre récital à deux pianos, le manuscrit était dans notre bagage égaré en Espagne. Je dus donc le récrire, mais je ne pus pas me souvenir de tous les détails. Résultat : de légers changements dans la 2e moitié. Je suis désolé de dire que la 1re version est meilleure ; elle sera publiée aussitôt qu'un graveur sera disponible (pénurie de graveurs, de copiste[s], de papier, de quoi n'y a-t-il pas pénurie ?). La seconde version rejetée est écrite sur deux pages.

Entre-temps, je suis arrivé à Asheville, dont les approches sont très jolies ; la ville elle-même est plutôt sale et laide. Je suis arrivé sauf, mais pas mes bagages enregistrés. Voici maintenant 24 heures que je suis ici et je n'ai toujours pas de nouvelles de ces bagages. Cela va-t-il être la répétition de l'histoire espagnole, je me le demande ?

Bon, je vous ai écrit toutes les nouvelles importantes à notre sujet. Je vous souhaite une bonne et heureuse année, et tout particulièrement un relâchement de votre surmenage qui continue probablement toujours.

Sincèrement vôtre,

Béla Bartók.

P.-S. - Le prof. Wood écrit pour me dire que le travail à l'Univ. Wash. est toujours disponible pour moi. Dans ma réponse, je lui ai expliqué la situation, lui parlant de ma santé, de l'Univ. de Columb. et que je lui donnerai une réponse plus précise en avril. Après tout, il n'est pas entièrement certain que je recouvrerai tout à fait la santé.

(Seconde lettre.)

Adresse d'été jusqu'à la mi-sept. :
89 Riverside Drive
Saranac Lake, N.Y. *13 juillet 1945.*

Chère Madame,

Quelle bonne nouvelle que vous veniez à New York ! J'en suis vraiment très heureux pour vous, le changement vous fera beaucoup de bien. Mais savez-vous combien il est difficile d'avoir des chambres à New York, tant dans les hôtels qu'autrement ? Avez-vous ici quelqu'un pour vous aider ? Dorothy P[arrish] D[omonkos] a eu et a [toujours] les plus grandes difficultés pour trouver où loger avec son bébé et sa mère (bien qu'elle appartienne aux « forces armées »). L'hiver n'a pas été trop bon pour nous. A côté de plusieurs maux mineurs, j'ai eu une belle et coquette espèce de pneumonie en mars. J'ai été traité à la pénicilline, de sorte — ou pour d'autres raisons — que cela a vite passé et n'a pas été nuisible. Plus nuisible — au moins spirituellement — furent les nouvelles extrêmement mauvaises au sujet de la Hongrie. Des nouvelles directes ne sont pas arrivées, de sorte que je ne sais pas ce qui est advenu à mon fils aîné [10] et à ma sœur. Mais il y a des journaux de Budapest régulièrement réimprimés (chaque exemplaire vient probablement par l'ambassade russe et est réimprimé en fac-similé par un journal communiste hongrois à N[ew] Y[ork]. — Nous y lisons des nouvelles de Kodály et d'autres musiciens et artistes qui semblent aller (relativement) bien. Dohnányi est un « criminel de guerre » ! De toute façon, il a été causé tant de dommage au pays que seul le ciel sait si et quand il pourra à nouveau s'en remettre d'une manière ou d'une autre. Les Allemands étaient des bêtes, mais les Russes ne semblent pas être des saints non plus.

J'attends vos nouvelles quand vous serez à N.Y. Mon numéro de téléphone est : Columbus 5-7750, appartement 503.

Toutes les salutations de nous deux.

Sincèrement vôtre,

Béla Bartók.

Musique

Bartók a peu écrit sur lui-même et sur ses compositions. Il s'est surtout attaché à corriger certaines erreurs que l'on a faites — et que l'on fait souvent encore — à propos de son œuvre. Les analyses, presque toutes traduites ici [1], *n'exposent que la forme globale des pièces et quelques détails de leur instrumentation. Bien des aspects sont mieux éclairés par les écrits esthétiques du musicien. La seule exception du poème symphonique* Kossuth *révèle qu'il a été composé dans un esprit très différent.*

LETTRE A OCTAVIAN BEU[1]

Entre Berlin et Budapest.
10 janvier 1931.

[...]

« compositorul român[2] ». Ma conception est la suivante : je me considère comme un compositeur hongrois. Sur la base de ces œuvres originales dans lesquelles j'emploie des mélodies d'invention personnelle imitées ou ressenties de la musique populaire roumaine, je peux aussi peu être désigné comme « compositorul român » que Brahms, Schubert et Debussy peuvent être désignés comme compositeurs hongrois ou espagnols sur la base de leurs œuvres où ils utilisent un matériau thématique emprunté à la Hongrie ou à l'Espagne. Vous et d'autres chercheurs, à mon avis, devriez renoncer à cette dénomination et vous limiter à la constatation qu' « il y a ici et là dans telle et telle œuvre des thèmes d'inspiration roumaine ». Si votre conception était juste, je pourrais avec d'aussi bonnes raisons passer pour un « compositeur slovaque » ;

je serais alors un compositeur à triple nationalité ! Puisque je suis maintenant en train de parler ouvertement, je vais vous faire part de quelques-unes de mes pensées à ce sujet :

En fait, justement parce qu'elle jaillit de cette triple source (hongroise, roumaine, slovaque), on peut considérer ma création de compositeur comme l'incarnation de cette idée d'intégrité sur laquelle on met beaucoup l'accent aujourd'hui en Hongrie [3]. Bien sûr, je ne vous écris pas cela pour vous inciter à le clamer, et vous vous en garderez bien : une telle chose n'est pas faite pour la presse roumaine. Je ne le mentionne que comme un éventuel point de vue auquel je suis parvenu voici environ 10 ans, alors que nos chauvins m'attaquèrent avec la plus grande violence à cause de mon prétendu caractère de Scotus Viator musical [4]. Mais mon idée propre, dont je suis pleinement conscient depuis que je me suis senti comme compositeur, est la fraternisation de tous les peuples, en dépit de toute guerre et de toute querelle. J'essaie, autant que mes forces me le permettent, de servir cette idée dans ma musique ; c'est pour cela que je ne me soustrais à aucune influence, qu'elle provienne d'une source slovaque, roumaine, arabe, ou de n'importe quelle autre encore. Cette source doit seulement être pure, fraîche et saine ! En raison de ma situation... disons géographique, la source hongroise m'est la plus proche, donc l'influence hongroise la plus forte. Maintenant, que mon style — sans parler de ses différentes sources — ait un caractère hongrois (et c'est bien de cela qu'il s'agit), il appartient à d'autres d'en juger, pas à moi. Toutefois, j'ai le sentiment qu'il l'a. C'est que le caractère et le milieu [5] doivent quand même être d'une façon ou d'une autre en harmonie. [...]

LETTRE A EDWIN VON DER NÜLL [1]

[...]

Pourquoi est-ce que j'emploie peu le contrepoint ?

J'aurais envie de dire : parce que ça me vient comme ça. Mais comme ce n'est pas une réponse, je vais quand même essayer d'expliquer la chose :

1. Là aussi, il y a de toute façon en jeu une disposition naturelle.

2. Dans ma jeunesse, mon idéal de beauté n'était pas tant la manière de Bach ou de Mozart que celle de Beethoven. Ces derniers temps, cela a quelque peu changé : ces dernières années je me suis également beaucoup occupé de la musique antérieure à Bach, et je crois qu'on doit en relever des traces dans le concerto de piano [2] et dans les neuf petites pièces pour piano [3].

LETTRE A ERNST LATZKO [1]

Budapest, Szilágyi tér 4.
16 déc. 1924.

Monsieur le Maître de chapelle,

Je suis très heureux d'apprendre de votre part que mon « Barbe-Bleue » doit être représenté à Weimar ; Universal Edition ne m'a informé qu'à propos du « Prince de bois ».

Je vous recommanderais de faire jouer les passages pour saxophone non pas par 2 clarinettes, mais par un cor anglais et une clarinette basse. — Jusqu'ici, j'ai partout fait l'expérience que les chanteurs veulent exécuter les passages « parlando » (la majeure partie des voix chantées se compose de tels passages « parlando ») en rythme fixe (tempo giusto [2]). C'est pourquoi j'attire votre attention sur le fait qu'une telle conception serait complètement fausse, il doit régner de bout en bout une sorte de sprechgesang.

J'ai fait de tristes expériences à Francfort [3] : l'orchestre était récalcitrant, l'acteur jouant Barbe-Bleue était tellement incertain qu'il a improvisé des mesures entières ; la chorégraphie du Prince de bois fut fabriquée par une ballerine qui ne savait pas lire la musique, etc. J'aimerais que vous me disiez s'il y a de meilleures conditions de ce point de vue à Weimar. En ce qui concerne l'exécution, je vous prierais :

1. de ne pas faire ressortir trop le caractère folklorique dans ma musique ;
2. d'insister sur le fait que, dans ces œuvres scéniques comme dans mes autres œuvres originales, je ne fais jamais usage de mélodies populaires ;
3. que ma musique est tout à fait tonale [4] et
4. qu'elle n'a rien de commun avec la manière « objective » et « impersonnelle » (donc en fait qu'elle n'est pas du tout « moderne » !).

Dans l'attente de nouvelles informations de votre part, je suis respectueusement

votre dévoué,

Béla Bartók.

ANALYSE
DU DEUXIÈME CONCERTO DE PIANO[1]

J'ai écrit mon « Premier Concerto » pour piano et orchestre en 1926. Cette œuvre ayant réussi malgré son écriture un peu difficile — on pourra même dire trop difficile ! — autant pour l'orchestre que pour les auditeurs, j'ai voulu donner — en écrivant quelques années plus tard, en 1930-1931, mon « Deuxième Concerto » — un morceau contrastant avec le premier : une œuvre qui soit moins hérissée de difficultés pour l'orchestre et dont les matériaux thématiques soient plus avenants. C'est cette intention qui explique le caractère plutôt populaire et léger de la plupart des thèmes de ce dernier concerto : une légèreté qui rappelle, quelquefois même, le caractère d'une de mes œuvres de jeunesse, la « Suite pour Orchestre, Op. 3 » (de 1905).

Quant à la forme, le « Deuxième Concerto » est écrit à peu près dans la forme de la sonate classique. Ier mouvement : exposition, développement, récapitulation. IIIe mouvement : rondeau ; il est à remarquer que seule l'exposition du IIIe mouvement ressemble plutôt à une partie de rondeau.

Plusieurs observations formelles doivent être faites : 1° L'unité des Ier et IIIe mouvements ; le IIIe étant, en effet, une variation libre du Ier, contient les mêmes sujets à l'exception d'un thème nouveau :

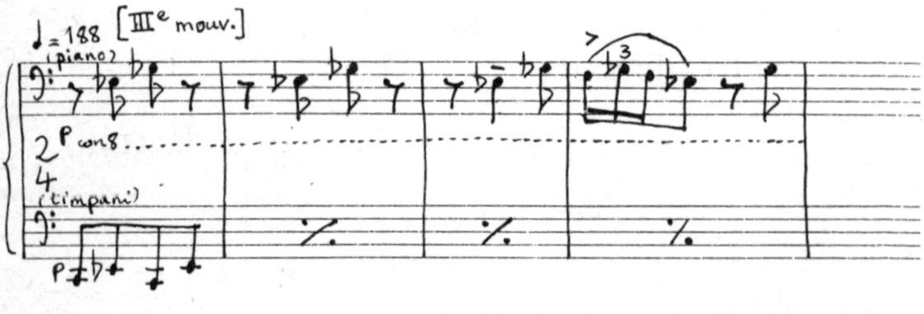

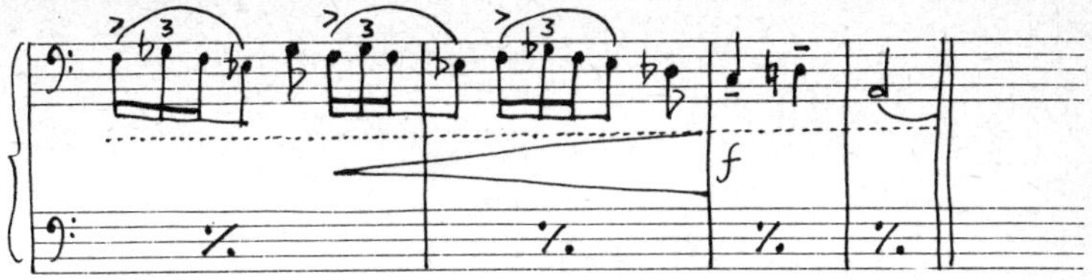

introduit comme thème de « cadre » (encadrant les sections diverses du IIIe mouvement construites sur les sujets transformés du Ier mouvement) :

2° dans la partie dite récapitulation du Ier mouvement et dans la partie correspondante du IIIe mouvement, les thèmes apparaissent en inversion :

Dans la « coda » de ces deux mouvements, le Ier thème (en inversion) est employé en forme dite « cancrisante [2] », c'est-à-dire en mouvement rétrograde :

Le IIe mouvement est un scherzo encadré par un adagio ou bien un adagio contenant comme noyau un scherzo. Cet adagio se divise lui-même en plusieurs sections alternantes et contrastantes, l'une — par laquelle l'adagio commence — composée de quintes superposées et jouée par les cordes :

l'autre est une mélodie à l'unisson, jouée par le piano avec accompagnement des glissandi des timbales mécaniques :

Ainsi, l'œuvre entière présente une forme symétrique : Ier mouvement, adagio, scherzo (comme noyau), variation de l'adagio, variation du Ier mouvement. Une structure analogue est employée dans mes « Quatrième et Cinquième Quatuors à Cordes [3] ».

L'orchestre du Ier mouvement est composé d'instruments à vent et à percussion ; celui de l'adagio, d'instruments à cordes (avec sourdines) et de timbales mécaniques ; celui du scherzo, d'instruments à cordes et d'une partie des instruments à vent et à percussion ; tandis que le IIIe mouvement seul emploie l'orchestre entier.

Il faut encore noter que l'un comme l'autre de mes deux concertos ne sont pas écrits pour piano *suivi* ou accompagné par l'orchestre, mais qu'ils sont conçus pour le piano *et* l'orchestre, attribuant au soliste et à l'ensemble des parties égales en importance.

La première audition de cette œuvre a été donnée à Francfort [-sur-le-Main] le 23 janvier 1933 par M. Hans Rosbaud comme chef d'orchestre, par l'Orchestre de la T.S.F. et par moi-même (c'est la dernière fois que j'ai joué en Allemagne). On pourrait encore mentionner les exécutions suivantes : à Londres (B.B.C.), la première fois avec sir Adrian Boult, la deuxième fois avec sir Henry Wood, à Rotterdam, à Utrecht, à Bâle, à Zurich (T.S.F.), à Luxembourg (T.S.F.) et, dernièrement, à Budapest (le 22 mars 1938, avec M. Ansermet [4]).

Béla Bartók.

SONATE POUR DEUX PIANOS ET PERCUSSION [1]

Depuis des années déjà j'avais l'intention d'écrire une œuvre pour piano et percussion. Cependant, peu à peu se renforçait en moi la conviction que le piano ne contrebalance pas de façon satisfaisante la sonorité très souvent mordante des instruments à percussion. En conséquence, le projet s'est modifié de telle sorte que deux pianos au lieu d'un sont confrontés à la percussion. Lorsque l'été dernier l'I.G.N.M. [2] de Bâle me demanda d'écrire une œuvre pour son concert de jubilé le 16 janvier 1938, je saisis avec plaisir l'occasion de réaliser mon projet.

Les sept instruments à percussion — timbale[s], grand tambour, cymbales, tam-tam, caisse claire avec timbre, caisse claire sans timbre, xylophone [3] — doivent être joués par deux exécutants seulement, en quoi l'un d'eux ne touche jamais au xylophone et l'autre jamais aux timbales. Les deux parties de percussion prennent une place tout à fait égale à celle des parties de piano. Le rôle sonore de la percussion est divers : dans de nombreux cas, elle ne fait que nuancer la sonorité du piano ; dans d'autres cas, elle renforce d'importants accents ; occasionnellement, la percussion oppose des motifs contrepointiques aux parties pianistiques et, en fait, les timbales et le xylophone jouent même fréquemment comme voix principale.

A propos de la construction formelle de l'œuvre, il faut noter ce qui suit : le premier mouvement commence par une introduction lente qui anticipe un motif du mouvement allegro. Ce dernier est en do et de forme-sonate. Le groupe thématique principal qui contient les deux thèmes (le second est celui déjà cité dans l'introduction) est énoncé dans l'exposition, suivi immédiatement par le thème secondaire (contrastant) à partir duquel se développe une partie conclusive assez largement étendue ; à la fin de celle-ci, comme épilogue, le thème contrastant réapparaît encore brièvement. Après une courte transition faite de quartes superposées, le développement se compose essentiellement de trois sections. La première d'entre elles, en mi, utilise le second thème du groupe principal comme motif ostinato au-dessus duquel s'accomplit l'élaboration en imitation du 1er thème du groupe principal, sous la forme d'un intermède. Suit la répétition de la première section — avec l'ostinato en sol dièse et en renversement — sous une forme fortement modifiée. La reprise n'a pas de conclusion véritable : à la place de celle-ci apparaît une coda assez étendue qui (sur un début fugato) est construite sur le thème conclusif auquel se joint finalement encore le thème principal. Le second mouvement est en fa et dans une simple forme-lied a-b-a. Le troisième mouvement en do présente la conjonction des formes du rondo et de la sonate. Entre l'exposition et la reprise apparaît un nouveau groupe thématique formé à partir de deux éléments du premier thème élaborés en imitation. Le mouvement et l'œuvre se terminent par une coda expirant en pianissimo.

CONCERTO POUR ORCHESTRE [1]

Le ton général de l'œuvre représente — mis à part le deuxième mouvement badineur — une transition graduelle de l'austérité du premier mouvement et du chant mortuaire lugubre du troisième vers l'affirmation vitale du dernier [2].

Le titre de cette œuvre pour orchestre qui ressemble à une symphonie s'explique par sa tendance à traiter les instruments seuls ou par groupes de façon *« concertante »* ou soliste. Le traitement « virtuose » apparaît par exemple dans les sections *fugato* du développement du premier mouvement (cuivres), ou dans les passages ressemblant à un *« perpetuum mobile »* du thème principal du dernier mouvement (cordes), et, particulièrement, dans le deuxième mouvement, où des couples d'instruments apparaissent à la suite les uns des autres avec des passages brillants.

En ce qui concerne la structure de l'œuvre, le premier mouvement et le cinquième sont écrits dans une forme-sonate plus ou moins régulière. Le développement du premier mouvement renferme des sections *fugato* pour cuivres ; l'exposition du finale est quelque peu élargie et son développement consiste en une fugue construite sur le dernier thème de l'exposition.

On trouve des formes moins traditionnelles dans le deuxième mouvement et dans le troisième. La majeure partie du deuxième mouvement consiste en un enchaînement de brèves sections indépendantes, successivement introduites par les vents en cinq couples (bassons, hautbois, clarinettes, flûtes, et trompettes avec sourdines). Les cinq sections n'ont rien de commun thématiquement et peuvent être symbolisées par les lettres *a, b, c, d, e.* Une sorte de « trio » — un bref choral pour cuivres et caisse claire — y fait suite, après quoi les cinq sections sont récapitulées avec une instrumentation plus élaborée.

La structure du troisième mouvement ressemble également à un enchaînement ; trois thèmes apparaissent successivement. Ils constituent le cœur du mouvement, qui est encadré par une texture brumeuse de motifs rudimentaires. La majeure partie du matériau thématique de ce mouvement dérive de l' « Introduction » du premier mouvement. La forme du quatrième mouvement — « *Intermezzo interrotto* » — pourrait être symbolisée par les lettres « A B A — interruption — B A ».

KOSSUTH, POÈME SYMPHONIQUE [1]

(Instruments entrant dans la partition. — Bois : 1 flûte piccolo, 3 flûtes traversières ; 3 hautbois, 1 cor anglais ; 2 clarinettes en si bémol et en la, une clarinette en mi bémol ; 1 clarinette-basse ; 3 bassons, 1 contrebasson. — Cuivres : 8 cors, 4 trompettes, 1 trompette-basse ; 3 trombones, 2 tubas-ténors, 1 tuba-basse. — Percussion : 3 timbales, caisse claire, grosse caisse, cymbales, tam-tam, triangle. — Cordes : 2 harpes ; 16 premiers et 16 seconds violons, 12 altos, 10 violoncelles, 8 contrebasses.)

L'année 1848 est l'une des plus riches en événements dans l'histoire hongroise. Ce fut l'année de la révolte hongroise, une lutte désespérée de la nation pour la liberté. Le chef, le cœur et l'âme de cette lutte fut Louis Kossuth. Lorsque l'Autriche s'aperçut en 1849 que la guerre la visait, elle conclut une alliance avec la Russie. Un coup d'assommoir fut infligé à l'armée hongroise, et l'espoir d'un royaume hongrois indépendant se brisa — en apparence pour toujours. Ces événements servent de base à ce poème symphonique [2].

L'œuvre se compose de 10 parties étroitements apparentées, dont chacune est expliquée par une inscription.

I. — « Kossuth ».

Ce thème, ainsi que la première partie, veut caractériser Kossuth. Il est repris en ut majeur par les flûtes accompagnées des bois ; suit la répétition en sol mineur avec l'instrumentation indiquée précédemment. Cette partie continue par ce motif :

II. — « Quel tourment pèse sur ton cœur, mon cher époux ? »

La femme de Kossuth, sa fidèle compagne, regarde avec angoisse le visage de son mari soucieux et ridé par les tourments. Kossuth tente de la tranquilliser (thèmes 1 et 2 alternés [3]) ; mais la douleur longtemps contenue explose de son cœur :

III. — « La patrie est en danger ! »

III.

Après deux modulations rapides, le même thème se répète en mi bémol mineur, le fortissimo de l'orchestre s'évanouit progressivement, puis il se convertit en piano. En rêvant, Kossuth repense au passé glorieux :

IV. — « Nous avons vécu des temps meilleurs… »

IV.

Le même thème se répète par périodes de 8 mesures à la fin desquelles on entend le thème de Kossuth (indiqué par « 1a ») un peu modifié :

IVa.

Les 8 mesures se répètent dans une instrumentation plus brillante.

V. — « Notre sort a pris une mauvaise tournure... »

V.

Le 5e thème, joué ensuite par la clarinette-basse, veut caractériser la tyrannie des Autrichiens, leur violence qui ne connaît pas de loi, et qui a attiré tant de maux à notre nation. On entend alors ensemble les thèmes IV et III, en sol bémol majeur, jusqu'au moment final où tous les violons donnent le premier [th. IV] sur un contrepoint des bois. — Kossuth se tire brusquement de sa rêverie en disant :

VI. — « Aux armes ! ».

VI.

(Ce motif n'est pas nouveau ; il n'est autre que le thème de Kossuth modifié (1a)). Sitôt décidée, la prise des armes est un fait.

VII. — « Allez, guerriers hongrois,
Venez, vaillants Hongrois [4] ! »

VII.

(cf. le thème 1a.) C'est l'appel de Kossuth aux enfants de la nation hongroise, par lequel il les hèle sous les drapeaux. Aussitôt après vient le thème des « héros hongrois » :

VII. a.

qui se rassemblent bientôt avec la contribution des bois :

Le roulement de tambour devient de plus en plus fort tandis qu'un nombre toujours plus grand d'instruments entre, enfin les trompettes donnent le 6e thème fortissimo. Kossuth répète son appel à l'armée rassemblée (deux fois en la mineur), sur quoi il prononce le serment de rester à se battre jusqu'à la mort :

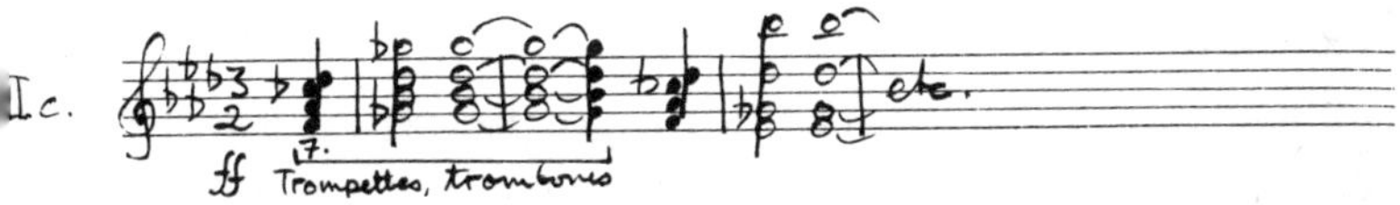

(S'y ajoute le contrepoint en croches des autres instruments). Après un long diminuendo avec le pianissimo des timbales, cette partie se termine (sur la dominante la bémol). Après quelques instants de silence profond,

VIII. — …… [sans titre]

on entend s'approcher lentement les troupes autrichiennes ennemies. Leur thème est une caricature de l'hymne autrichien (Gott erhalte[5]...). L'un après l'autre, les autres bois donnent le thème en entrant comme dans une fugue et toujours plus fort, enfin les trombones tonnent avec une force sauvage :

VIII-a.

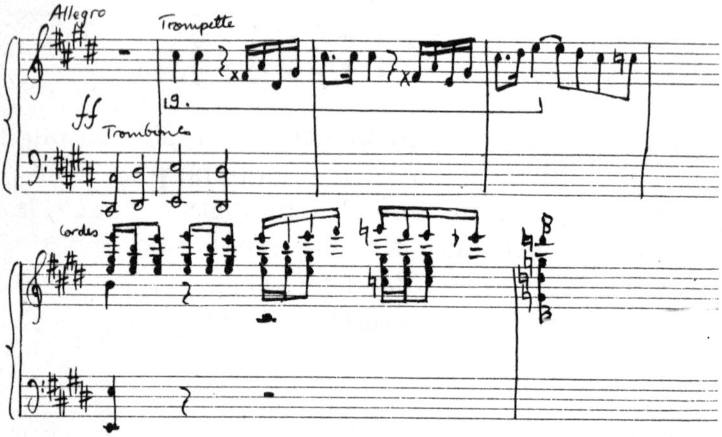

Dès le début, la bataille fait rage. Le cri de guerre est un nouveau thème (9). A la mesure 5 apparaît le thème des guerriers hongrois (6). Les coups succèdent aux heurts, le combat prend une tournure désespérée que les dissonances les plus sauvages veulent symboliser. Tantôt les troupes hongroises ont l'avantage :

VIII-b.

(thème 6 en augmentation), tantôt c'est l'ennemi. La figure de Kossuth apparaît (dans la forme thématique présentée dans la 4e partie), puis on entend le thème 5 (qui caractérise également les Autrichiens), d'abord dans sa forme originale, puis dans son renversement :

III-c.

Le feu de la bataille s'apaise un peu :

III-d.

(cf. le thème 1b). Mais bientôt commence la dernière et fatale attaque de l'ennemi : les Hongrois héroïques se battent en vain contre la brutale supériorité en nombre des Autrichiens, par le sauvage triomphe desquels se termine la bataille :

I-e.

Suit la catastrophe finale (timbale fff) ; les rescapés de l'armée hongroise fuient devant la terrible vengeance de l'ennemi :

II. f et g.

IX. — « Tout est perdu ! »
Le pays prend le deuil le plus grand (Adagio molto, formé à partir des thèmes 1a et 6). Ensuite il apparaît sous cette forme :

IX.

Mais il est encore empêché, d'où :
X. — « Silencieux, tout est silencieux [6]... »

Deuxième partie

La musique d'aujourd'hui

LETTRE A MÁRTA ET HERMA ZIEGLER [1]

Tiens, cela manquait encore ! Le temps m'a honteusement trompé. Dans quel tourbillon de neige le temps de printemps n'a-t-il pas dégénéré. Et maintenant je suis là, sans fourrure ni bottes. Malgré tout, je me réjouis du village, du peuple (pas des « gens »), de la chanson archaïque. C'est comme si j'étais maintenant moins réceptif que d'habitude à tout cela. Peut-être les émotions de ces derniers jours [2] m'impressionnent-elles ; lundi elles ont encore eu une continuation. Ou peut-être ne puis-je plus me réjouir de rien comme autrefois. Ce serait aussi un miracle s'il ne résultait pas de tant de peines un début d'étouffement face à toute joie. Les déceptions continuelles, dont on peut prévoir que la série sera longue (peut-être aussi longue que ma vie), le prix élevé que l'on doit inévitablement payer pour la plus petite joie savourée, tout cela doit ruiner la sérénité de toute âme entière. Seule une pensée rend une telle vie encore supportable : le sombre et incertain pressentiment que mon art sera peut-être puissamment encouragé et porté en avant par quelque coup du destin, cet art qui ne peut pas atteindre le degré qui correspond aux plus hautes exigences sans influence directe ou indirecte.

Je crois fermement à cela et reconnais que tout art véritable se manifeste par des impressions que nous recevons de l'extérieur — ce qu'on appelle « le vécu ». Quiconque ne peint un paysage que pour peindre un paysage, quiconque ne compose une symphonie que pour composer une symphonie n'est dans le meilleur des cas rien d'autre qu'un bon artisan. Je ne peux pas me représenter la production artistique autrement qu'à la condition que s'y expriment sans limite l'enthousiasme, le désespoir, les peines, la colère, la vengeance, la bravade railleuse, le sarcasme de leur créateur. Judis, je ne le croyais pas, jusqu'au jour où j'ai moi-même appris que les œuvres d'un homme transmettent en fait plus précisément que les biographies les événements significatifs et les passions qui déterminent sa vie. Naturellement, il n'est question que des artistes authentiques et véritables. Il est remarquable qu'en musique jusqu'à maintenant seulement l'enthousiasme, l'amour, les peines et tout au plus le désespoir — c'est-à-dire seulement les sentiments qu'on appelle élevés — jouent un rôle comme motifs. Le monde musical de la vengeance, de la caricature et du sarcasme, en revanche, vit ou ne vivra qu'à notre époque. C'est pourquoi on peut désigner comme réaliste — par opposition à l'idéalisme qui caractérise l'époque précédente — l'art musical contemporain qui exprimera sincèrement et sans sélection tous les sentiments humains. — Au siècle dernier, nous n'en trouvons que quelques exemples épars, dans la Symphonie fantastique de Berlioz, dans le Faust de Liszt, dans les

Maîtres chanteurs de Wagner et dans la Vie d'un héros de Strauss [3].

Un tout autre facteur confère encore à la musique d'aujourd'hui (au XXe siècle) un caractère réaliste : le fait qu'elle rassemble des impressions de toute la réalité, de l'art populaire qui englobe tout — elle cherche ces impressions tantôt consciemment tantôt inconsciemment. Il y a longtemps qu'il faut observer cette tendance ; au début, elle s'est néanmoins exprimée plutôt dans un caractère populaire creux — chez les Russes et les Tchèques. En revanche, l'action actuelle offre un résultat beaucoup plus consistant (Debussy, etc.). Cette fois-ci, c'est notre chance de vivre à la frontière de l'Asie ; ici, il y a encore à foison de la musique populaire qui pourrait donner un sang nouveau à la musique comminatoirement vieillie en Allemagne. Nous n'avons besoin que de quelques hommes capables — trois suffiraient même [4].

LE RÔLE DU PIANO DANS LA MUSIQUE CONTEMPORAINE [1]

Le caractère neutre de la sonorité du piano a été reconnu depuis longtemps. Il me semble que le caractère qui lui est propre n'est porté à sa juste valeur que par la tendance actuelle à l'admettre comme instrument à percussion. Le piano joue bien sûr toujours le rôle de l'instrument universel. L'aspect concertant n'a pas perdu sa signification.

L'ORIENTATION TECHNIQUE, ESTHÉTIQUE ET SPIRITUELLE DE LA MUSIQUE CONTEMPORAINE [1]

L'ÉTAT ACTUEL... [2]. — Il est nécessaire, pour traduire nos pensées et nos sentiments par la musique, d'abandonner tout ce qui appesantit son envolée et de nous servir de tous les moyens qui sont à notre portée. Nous ne disons ici rien de neuf, car c'est la pensée spontanée de tout créateur d'une école musicale nouvelle. La simplicité est quelque chose de très relatif : ce qui paraît simple aux uns, peut être parfaitement incompréhensible pour d'autres. L'expression spontanée du Génie est parfois plus compliquée que la création machinale et les moyens les plus simples paraissent parfois les plus complexes...

L'ORIENTATION DE LA MUSIQUE... [3]. — Tous les efforts doivent tendre actuellement à la recherche de ce que nous appellerons « la géniale simplicité ». Plus nombreux seront ceux qui s'y consacreront, et mieux le désarroi sera évité. — La raison pour laquelle, pendant ces 25 dernières années, nous avons atteint, au point de vue création, le plus grand chaos, c'est que très peu de compositeurs ont su concentrer leurs efforts vers ce but, et aussi parce que la création musicale a trop compté sur l'unique valeur des moyens d'expression les plus inattendus et parfois les moins aptes à rendre la pensée créatrice. Voilà ce que les Snobs appelaient le « Génie de la création ».

QUELS SONT LES FACTEURS ADVERSES... PAR QUEL MOYEN LES NEUTRALISER [4] ? — L'adversaire le plus redoutable d'une efflorescence musicale contemporaine est l'ingérence illimitée du bureaucratisme et de l'étatisme. Si des hommes d'État parfaitement ignorants dans le domaine de l'art conservent le pouvoir d'interdire certaines œuvres pour des raisons tout à fait étrangères à l'art, ou — ce qui est plus redoutable encore — si l'interdiction est motivée par des raisons artistiques totalement erronées, alors l'avenir de la musique est compromis à tout jamais. Tout comme on ne peut concevoir un art folklorique « dirigé », il est tout aussi impossible de régenter le génie de la création. — Quant aux remèdes à appliquer contre ces tendances, je les ignore : peut-être pourrait-on les demander aux politiciens ?

ROMANTISME [5]. — On ne peut condamner « en bloc », le romantisme. Il n'y a pas de compositeur, même parmi les plus célèbres, qui, de temps à autre, n'en ait glissé un peu dans ses créations. Cependant nous devons nous défendre énergiquement contre l'abus démesuré que l'on en fait dans certaines œuvres.

Béla Bartók.

Composition et esthétique

*Les gouttelettes de mercure rassemblées dans les pages qui précèdent montrent quelle est l'orientation fondamentale choisie par Bartók, mais elles n'exposent aucunement les moyens de parcourir le chemin qui est ouvert : voilà le thème des deux essais qui suivent, publiés ensemble en Allemagne (tous les deux en 1920). Ils forment une entité. On y découvre l'univers musical de Bartók, sa passion pour l'*innovation réfléchie, *celle qui ne contredit pas son sentiment, et pour la* géniale simplicité, *celle qu'il n'a jamais cessé de découvrir, notamment dans le folklore. Peu à peu s'éclairent les grandes œuvres, autant que les simples transcriptions et harmonisations de chansons populaires.*

LE PROBLÈME DE LA NOUVELLE MUSIQUE [1]

La musique de nos jours tend résolument vers l'atonal. Pourtant, il ne semble pas exact de concevoir le principe tonal comme le contraire du principe atonal. Ce dernier est bien plus la conséquence d'une évolution qui s'est accomplie peu à peu à partir du tonal, qui progresse tout à fait graduellement et qui n'a montré aucune cassure ni aucun saut violent.

Schœnberg dit dans son « Traité d'harmonie [2] » que le développement dans la forme-sonate doit, en un certain sens, être regardé comme le noyau de l'atonal. Cela doit s'entendre ainsi : le développement élimine l'hégémonie exclusive de deux tonalités (comme dans l'exposition) ou d'une seule (dans la reprise) et y substitue une succession de tonalités diverses qui, d'une certaine manière, est choisie plus librement ; chacune de ces tonalités, ne fût-ce que de façon passagère, est toujours ressentie exactement comme telle. En d'autres termes, c'est une sorte d'égalité des douze tonalités qui domine dans le développement.

L'accumulation d'accords altérés à l'époque post-beethovénienne (Wagner, Liszt) et, par la suite, l'utilisation toujours plus grande de notes d'échange [cambiate] ou de passage (Strauss, Debussy) sur des accords qui produisaient en fait le plus souvent un effet tonal ont constitué deux étapes transitoires importantes entre le tonal et l'atonal. Déjà chez Strauss, mais plus encore dans la musique post-straussienne, on trouve dans des œuvres à caractère tonal des parties isolées (par exemple les *Widersacher* dans *Ein Heldenleben* [3]) où la tonalité est décidément suspendue. L'avant-dernier pas vers l'atonal est celui des œuvres qui, hormis leur point de départ tonal et leur conclusion y revenant (ce par quoi elles visent, selon le vieux modèle, à un effet d'unité et à la création d'un cadre solide), ont un effet atonal.

Mais le tournant décisif vers l'atonal n'a été pris, après les phases préparatoires que je viens de décrire, que lorsqu'on a commencé à ressentir la nécessité de l'égalité des douze sons différents de notre système à douze notes ; il n'a été pris que lorsqu'on a essayé de ne pas ordonner les sons d'après certains systèmes d'échelles et, selon cet ordre, de conférer à chacun d'eux une valeur plus grande ou plus petite, mais au contraire de les utiliser selon toutes les combinaisons voulues, tant horizontalement que verticalement et sans référence possible à un système à échelles. Il est vrai que certains sons acquièrent par ce procédé aussi une prépondérance relative dans la combinaison ; pourtant, cette différence de poids ne se base désormais pas sur tel ou tel schéma à échelle, mais constitue une conséquence de chaque combinaison.

Dans des groupes de combinaisons, chacun des membres a également par rapport aux autres une valeur et une intensité différentes. Les possibilités expressives sont accrues, dans une ampleur qu'on ne peut provisoirement pas embrasser, par l'utilisation libre et égale des douze sons différents.

Précédemment, on formait tout au plus des accords de quatre sons, et encore seulement dans des combinaisons déterminées et admissibles ; maintenant, on fait même sonner tous les douze sons en même temps dans les combinaisons les plus diverses. De la vanité d'un accord de trois notes caractéristique, comme dans l'exemple 1,

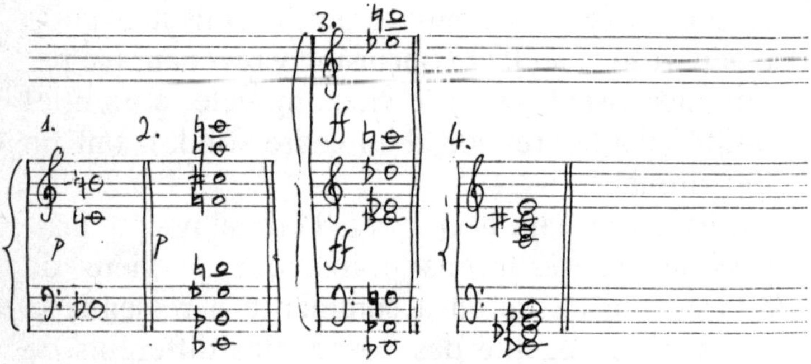

à la douceur sonnant avec plénitude d'un accord de plusieurs sons, comme dans l'exemple 2 ou encore à la pesanteur stridente d'un autre accord de plusieurs notes, comme dans l'exemple 3, nous avons à notre disposition une richesse jamais imaginée de nuances intermédiaires. Les intervalles les plus restreints de trois sons voisins ou plus produisent l'effet d'un bruit « stylisé » à la sonorité plus ou moins épaisse selon la hauteur aiguë ou grave de l'intervalle. Les intervalles moins restreints utilisés dans les registres les plus graves, comme dans l'exemple 4, se rapprochent par la sonorité de ces effets ressemblant à des bruits ; mais, placés deux octaves plus haut, leur caractère se modifie et devient plus éthéré ; l'effet se rapproche alors de celui du deuxième exemple d'accord.

Dans la musique homophone, on travaille pour ainsi dire avec des masses sonores qui apparaissent simultanément ou bien dans une succession plus ou moins rapide, avec des taches plus denses ou plus aériennes, plus massives ou plus subtiles, dont les qualités sont déterminées par le nombre des sons employés, par la hauteur absolue et relative (c'est-à-dire les intervalles plus larges ou plus restreints), etc. Par ces taches sonores, auxquelles est inhérente — à chaque fois selon le type de leur combinaison — une intensité diversement graduée et dont chacune des notes — à chaque fois selon son rôle dans le groupe vertical — a une importance différente, le projet de la « ligne » [mélodique] est rendu possible dans la musique atonale justement en conséquence de cette diversité. L'accomplissement de la forme de l'œuvre concernée ne dépend que de la mesure dans laquelle l'élévation ou l'abaissement de cette ligne produit un tout harmonique ou non.

Le poids du contenu, qui est difficile à préciser avec des mots, la fraîcheur de la « première inspiration » — pour employer le mot de Schœnberg —, l'harmonie dans la conduite de la ligne, ces trois facteurs produisent l'œuvre d'art. Mais ces facteurs n'étaient-ils pas tout aussi présents dans les chefs-d'œuvre plus anciens de la musique ? Les principales exigences n'ont pas changé le moins du monde, le changement ne se trouve que dans le type d'utilisation des moyens : dans le passé, on travaillait avec des possibilités plus limitées — aujourd'hui elles sont plus élargies. L'avenir devra nous apprendre si la libre action sur des possibilités plus riches conduit à des œuvres aussi grandes que celles qui ont été créées par les musiciens du passé.

Dans l'observation de la musique atonale, il est très déconcertant qu'on n'ait pas de « règles » ni de point d'appui monnayable en mots pour constater ce qui satisfait, ce qui est harmonique dans la conduite de la ligne. En ce sens, tant les compositeurs que les auditeurs en sont réduits à leur instinct. L'heure d'établir un système dans notre musique atonale n'a absolument pas encore sonné (dans le « Traité d'harmonie » de Schœnberg, p. 49, on trouve quelques tentatives intéressantes, quoique timides). C'est que la toute nouvelle période de l'évolution musicale a commencé à peine, et il y a encore bien trop peu d'œuvres de ce genre pour pouvoir déjà construire une théorie. Mais si, avec le temps, celle-ci voit le jour, elle n'aura pour la postérité que la même signification que les autres théories à leur époque : elle constituera au plus une base sur laquelle on pourra poursuivre l'édification en vue de parvenir enfin derechef à quelque chose de totalement nouveau qui incitera à son tour encore à la constitution d'une nouvelle théorie.

Pour ce qui se rapporte à l'orientation homophone et polyphonique, je me prononcerais pour ma part en faveur d'un alliage des deux sortes, c'est-à-dire pour le procédé qui offre plus de diversité que la limitation exclusive à l'une des deux sortes. Pour les mêmes raisons et bien parce qu'il ne s'agit pas de deux principes absolument opposés, une utilisation bien considérée (pas trop fréquente) d'accords de l'ancienne phraséologie tonale à l'intérieur de la musique atonale ne me semble pas contraire au style. Un accord parfait de l'échelle diatonique, pris isolément, une tierce, une quinte juste ou une octave au milieu d'accords atonaux de plusieurs sons — toutefois seulement à des endroits tout à fait particuliers et appropriés — n'éveillent pas encore un sentiment de tonalité ; d'ailleurs, ces moyens déjà flétris de longue date par l'us et l'abus acquièrent dans un tel contexte totalement nouveau une force d'effet fraîche et particulière qui apparaît justement par le contraste. Oui, on devrait même ressentir des suites entières de ces accords parfaits et de ces intervalles — quand ceux-ci n'ont pas un effet tonal — comme tout à fait conformes au style. L'exclusion inconditionnelle des accords anciens équivaudrait au renoncement à une partie des moyens de notre art qui n'est pas sans importance ; le but de nos efforts est cependant l'emploi illimité et total de l'ensemble du matériel sonore présent et possible. Mais il va de soi que certains enchaînements d'accords de ce genre, surtout des suites d'accords réclamant l'échange tonique-dominante, sont absolument contraires à la nouvelle musique. (On rencontre ces derniers, bien masqués et sous une pompeuse parure dissonante, dans mainte œuvre qui vise le plus extérieurement possible à être moderne ; cependant, de telles œuvres ont en fait intérieurement peu à voir avec les nouvelles tendances.)

Les craintes selon lesquelles les œuvres de musique atonale présenteraient une masse informe à la suite de l'abandon du schéma symétrique basé sur le système tonal ne sont pas fondées. D'abord, un schéma architectonique ou analogue n'est pas absolument nécessaire ; la construction par lignes se révélant par degrés d'intensité différenciés qui résident dans les groupes sonores juxtaposés suffirait tout à fait. (Cette sorte de constitution de la forme montre quelque analogie lointaine avec celle des œuvres rédigées dans un discours non contraint.) Mais, ensuite, la musique atonale n'exclut pas certains moyens extérieurs à l'articulation, certaines répétitions (à une autre hauteur, avec des modifications, etc.) de ce qui a déjà été dit, les suites de séquences, la réapparition de mainte idée ou, dans la conclusion, le retour au point de départ. Tous ces procédés rappellent toutefois moins l'aspect architectoniquement symétrique que le discours contraint de la construction versifiée.

Justifier l'existence de la musique atonale par le système des harmoniques ne me semble pas opportun. La diversité dans le caractère et l'effet des intervalles peut bien sûr être expliquée par le phénomène des harmoniques, mais cela n'apporte que peu d'éclaircissements satisfaisants à la question de l'emploi libre des douze sons.

Le processus de développement vers l'atonal devrait peut-être se comprendre comme suit : le matériau potentiel de la musique se compose d'un nombre infini de sons de diverses hauteurs, en remontant du son le plus bas jusqu'au plus haut qui soit perceptible. (Nous ne tenons pas compte ici du rythme, de la couleur et du dynamisme pour ce que ces éléments ne sont pas décisifs dans la discussion de cette question.) Notre idéal est maintenant de mettre en valeur toujours plus de composantes de ce matériau, comme moyens des œuvres. A l'origine, on a sélectionné comme seul utilisable et sur la base du système des harmoniques un petit nombre de sons dans cette série infinie : on a formé l'échelle diatonique, transposée à douze hauteurs différentes sur la base du système des harmoniques, et on a ainsi constitué tout le système diatonique. L'insuffisance de ce système se fit bientôt jour par le désir d'élargir le développement (par des modulations libres) ; on s'empara de la force et on fit violence à la nature avec la division par douze de l'octave ; ainsi naquit le système artificiel et tempéré à douze sons dont les partisans et les propagateurs furent ces instruments à clavier d'intonation artificielle. Malgré cet éloignement violent de la nature, la pensée musicale s'articula encore pendant des siècles sur le plan diatonique, jusqu'au jour final où, après le processus de développement décrit ci-dessus, le sens musical s'éveilla au traitement égal des douze demi-tons égaux entre eux. Ce nouveau procédé recelait d'innombrables possibilités nouvelles, de sorte que le souhait de Busoni [4] d'un système à tiers ou quarts de tons apparaît comme prématuré. (Les œuvres de Schœnberg et de Stravinsky postérieures à la parution de son « Esquisse d'une nouvelle esthétique » prouvent que le système hémitonique n'a pas encore dit son dernier mot.) Toutefois viendra le temps de poursuivre la division du demi-ton (peut-être à l'infini ?) [5], même si ce ne sera pas de nos jours, mais dans des décennies ou des siècles. Cette époque aura pourtant d'énormes difficultés techniques à surmonter, comme la transformation des instruments à clavier et à soupapes [6], sans parler des difficultés d'intonation pour la voix humaine et pour tous les instruments aux sons déterminés en partie par la pose des doigts [7] ; cette circonstance prolongera très probablement la vie du système hémitonique comme artistiquement nécessaire.

Un mot à propos de notre notation s'impose en conclusion. Elle est apparue sur la base du système diatonique et, justement pour cette raison, elle constitue en réalité un outil tout à fait inadéquat pour rendre par écrit la musique atonale. Par exemple, les signes de transposition représentent une altération des degrés diatoniques. Cependant, il ne s'agit pas aujourd'hui de degrés diatoniques altérés ou non, mais de douze demi-tons équivalents. Par ailleurs, il est difficile de garder quelque esprit de suite dans le mode d'écriture ; souvent, par exemple, on reste dans le doute quant à savoir si on doit prêter attention à une meilleure lisibilité dans le sens *vertical* ou *horizontal*.

Il serait souhaitable de disposer d'une écriture musicale à douze signes semblables où chacun des douze sons aurait sa valeur, égale à celle des autres, de sorte que tant de sons ne doivent plus être notés exclusivement comme des altérations d'autres sons. Cependant, cette invention attend pour le moment encore son inventeur [8].

DE L'INFLUENCE DE LA MUSIQUE PAYSANNE SUR LA MUSIQUE SAVANTE D'AUJOURD'HUI [1]

Le tournant du XXe siècle fut un moment critique de l'histoire de la musique moderne. Nombreux furent ceux pour lesquels le caractère excessif du romantisme devint insupportable et certains compositeurs eurent le sentiment que notre voie n'avait pas d'horizon, car nous rompions avec le XIXe siècle. Une aide inestimable s'offrit à ce changement, à ce rajeunissement par une sorte de musique paysanne qui était jusque-là inconnue.

La musique paysanne proprement dite est, dans ses formes, d'un accomplissement vraiment diversifié. Il est étonnant qu'elle soit, malgré sa force impressionnante, tout à fait étrangère au sentimentalisme et aux ornements superflus. Simple, souvent brute, mais jamais stupide, elle constitue un point de départ idéal pour une renaissance musicale et elle est le meilleur maître pour un compositeur recherchant de nouvelles possibilités. Maintenant, comment le compositeur tire-t-il le plus grand profit de ses études de musique paysanne ? — En ce qu'il l'absorbe complètement dans son essence et qu'il l'utilise comme sa langue maternelle musicale.

Pour y parvenir, les compositeurs hongrois arpentent le pays et recueillent la musique paysanne. Il se peut que le Russe Stravinsky et l'Espagnol de Falla n'entreprennent pas de tels voyages, qu'ils empruntent plutôt leur matériau principal à des collections d'autrui, mais je suis certain qu'ils n'ont pas fait non plus qu'apprendre de livres ou de musées, qu'ils ont aussi étudié la musique vivante de leurs pays.

A mon avis, la musique paysanne ne peut obtenir un effet profond que si elle est recueillie en campagne, chez les paysans mêmes. Étudier ce qu'on peut trouver dans les musées n'y suffit pas. Un quelque chose qui se terre dans la musique paysanne et qu'on ne peut décrire avec des mots doit entrer dans notre musique savante : l'atmosphère authentique de la culture paysanne. Les seuls thèmes de cette musique, ou leurs clichés, ne feraient, dans le meilleur des cas, que garnir notre musique d'entrelacs.

Il y a quelque vingt ou vingt-cinq années, des gens de bonne humeur s'étonnaient souvent de notre enthousiasme : comment était-il possible que des musiciens instruits et du niveau de concertiste prissent sur eux d'étudier la musique du peuple sur le terrain ; c'était tout de même une tâche « subalterne », juste bonne pour ceux qui n'étaient pas aptes à un « plus haut » travail musical. D'autres disaient que nous succombions simplement à une idée folle parce que nous nous acharnions ainsi à notre travail. Ils n'avaient aucune idée de l'importance de ce travail pour nous. En campagne seulement nous apprenions à connaître à la source une musique qui nous ouvrait des perspectives toutes nouvelles.

Mais comment cette musique paysanne est-elle reprise, comment devient-elle de la musique moderne ? Eh bien, nous pouvons, par exemple, reprendre une mélodie paysanne sans la changer ou bien en la variant légèrement, y ajouter un accompagnement, peut-être encore une phrase d'introduction et une conclusion. Bach procédait de façon semblable dans ses œuvres chorales.

Parmi de telles œuvres, on peut distinguer deux types principaux. D'un côté, l'accompagnement, les phrases introductive et conclusive n'ont qu'une signification secondaire, ils ne sont pour ainsi dire que la monture de la pierre précieuse, la mélodie paysanne. De l'autre côté, il en va exactement de façon inverse : la mélodie n'est que l'« épigraphe », c'est ce qui « tourne autour » qui porte la véritable signification.

Entre ces extrêmes, toutes les nuances sont

possibles, et bien souvent il n'y a pas moyen de reconnaître l'élément dominant. Mais les qualités musicales de la nouvelle version doivent être tirées de la substance de la vieille mélodie ; de façon ouverte ou non, la mélodie avec tous les « ajouts » doit donner l'impression d'une unité parfaite.

Je dois évoquer ici une conception particulière qui était très répandue, il y a trente ou quarante ans : les meilleurs musiciens croyaient alors que seules des harmonisations simples convenaient à des mélodies populaires et, chose encore plus grave, ils entendaient par là des suites d'accords parfaits de tonique, de dominante et de sous-dominante.

Comment faut-il s'expliquer cette singulière conception, quel genre de « chansons populaires » ces musiciens connaissaient-ils donc ? — En majeure partie, des airs allemands et occidentaux à la mode ainsi que des chansons de compositeurs adulés adoptées par le peuple. La mélodie de telles chansons se mouvait habituellement entre la tonique et la dominante ; la mélodie principale détachait ces accords [de tonique et de dominante] en notes séparées (« Ach, du lieber Augustin [2] »). En effet, de telles mélodies ne s'accommodent pas d'une harmonisation complexe.

Mais nos musiciens firent aussi de la connaissance de ce fait un principe de composition pour le type tout différent des chansons populaires hongroises, qui reposent pourtant sur la formation d'une échelle pentatonique. Ceci peut sembler bizarre, mais je veux quand même dire que plus la mélodie est simple, plus l'harmonie et l'accompagnement peuvent être complexes et spécifiques. Prenons une mélodie qui se meut dans un seul intervalle se succédant toujours à lui-même (comme c'est fréquemment le cas dans la musique populaire arabe). Il paraîtra évident que nous avons décidément plus de liberté dans l'invention de l'accompagnement de celle-ci que pour une mélodie au caractère complexe. De surcroît, de telles « mélodies » ne montrent aucune trace de concours stéréotypé d'accords parfaits. Pour la présentation de ces mélodies, cela signifie en revanche plus de possibilités. Nous pouvons mettre ces mélodies tout à fait clairement en évidence en construisant des accords variant entre les différentes significations et laissant ainsi au développement de la mélodie la plus grande amplitude de jeu. Je voudrais presque dire que ces possibilités élucident les traces d'une polytonalité comme celle qu'on trouve dans la musique hongroise moderne ou celle de Stravinsky.

Tout pareillement, les tournures spécifiques de la formation mélodique de notre musique paysanne d'Europe orientale nous indiquent de nouvelles possibilités d'harmonisation. Ainsi, le fait que nous utilisons l'accord de septième comme consonance doit être rapporté au fait que la septième apparaît dans nos chansons populaires pentatoniques comme un intervalle d'importance égale à celle de la tierce et de la quinte. Nous avons si souvent entendu dire que ces intervalles avaient la même valeur dans leur succession qu'il fut tout simplement naturel que nous essayions de les faire sonner encore avec la même valeur dans un emploi simultané. Dans une formulation où nous n'avions pas le sentiment de devoir les résoudre, nous avons laissé les quatre notes sonner ensemble et former une « harmonie ».

En plus, l'emploi fréquent de sauts de quartes dans nos vieilles mélodies nous a suggéré l'utilisation d'accords de quartes. C'est le même procédé :

nous essayons de mettre en harmonie ce que nous entendons en succession.

Enfin, il y a encore une façon de transmuer la musique paysanne en musique moderne : le compositeur n'utilise pas la mélodie paysanne proprement dite, il invente plutôt sa propre imitation de cette mélodie. (Entre cette méthode et celle décrite ci-dessus, il n'y a au fond aucune différence.)

Stravinsky ne cite jamais les sources de ses thèmes. Ni dans les titres ni dans les notes en bas de page, on ne peut savoir si ses thèmes sont de sa propre invention ou de la musique paysanne. Autrefois aussi, les compositeurs ne donnaient pas d'indication de ce genre ; je ne rappelle que le début de la Symphonie pastorale [3]. Chez Stravinsky, c'est manifestement intentionnel. Il veut montrer par là que le fait qu'un compositeur invente ses thèmes ou qu'il emploie des thèmes d'autrui ne change rien à la chose. Il est autorisé à tirer son matériau de toutes les sources disponibles. Ce qu'il tient pour adéquat sera sa propriété spirituelle par la façon originale de son utilisation. Dans le même esprit, Molière avait répondu à une accusation de plagiat : « Je prends mon bien où je le trouve [4]. » Et Stravinsky a raison d'affirmer que, du point de vue artistique, l'origine d'un thème est totalement sans importance. L'origine ne peut en fait avoir d'intérêt qu'en ce qui concerne le type de sa documentation musicale.

A défaut de toute donnée, je ne saurais pas dire non plus quels thèmes de la « période russe [5] » de Stravinsky sont de sa propre invention et quels autres sont empruntés à la musique populaire. Il est seulement certain, s'il y a des thèmes propres dans le matériau de Stravinsky (et qui voudrait en douter ?), que ces thèmes sont des plus fidèles et des plus adroites imitations de mélodies populaires. Il est aussi remarquable, à partir du « Sacre du printemps » et pendant toute la période russe, qu'il n'ait que rarement utilisé des mélodies formellement closes, constituées de deux ou trois traits, mais bien de courts motifs de deux ou trois mesures qu'il répète à la manière ostinato. De tels motifs primitifs courts et obstinés sont très caractéristiques d'une catégorie de la musique russe. Beaucoup de choses de notre vieille musique pour instruments à vent appartiennent à ce type de construction, qui apparaît aussi dans les danses populaires arabes. Cette façon primitive de construire à partir d'un matériau thématique archaïque peut, dans une certaine mesure, être considérée comme une explication du caractère de mosaïque spécifique des compositions de Stravinsky.

La répétition de motifs simples procure le sentiment d'une excitation singulièrement fiévreuse, même dans une musique populaire. Un maître à l'adresse réfléchie d'un Stravinsky et à sa connaissance des effets dynamiques augmentera cet effet au centuple.

Il y a une troisième possibilité de montrer l'influence de la musique paysanne dans une composition : quand ne se dévoilent ni des mélodies populaires ni leurs imitations, mais qu'elles imprègnent fortement la musique dans toute son atmosphère particulière. Nous pouvons dire alors que le compositeur a complètement absorbé en soi l'essence de la musique paysanne, qu'il en a fait sa langue maternelle musicale, qu'il la domine aussi parfaitement qu'un poète.

Dans la musique hongroise, on peut considérer celle de Kodály comme le meilleur exemple de ce type. Il suffira que je cite le « Psalmus hungaricus [6] », qui n'aurait jamais vu le jour sans la musique paysanne hongroise (naturellement pas non plus sans Kodály).

Nombreux sont ceux qui considèrent que c'est chose toute simple qu'écrire une composition en tournant autour de quelque musique populaire, moins difficile en tout cas que composer à partir de thèmes « originaux ». Le compositeur est bien dispensé, c'est ce qu'ils croient du moins, d'une partie de son travail : l'invention des thèmes. C'est une conception erronée. Utiliser des thèmes populaires est une des tâches les plus difficiles, aussi difficile, sinon plus, qu'écrire une plus grande œuvre propre. Si nous saisissons bien que l'emprunt d'une mélodie est lié à son caractère spécifique, nous aurons compris une partie de la difficulté. Un autre accroissement des difficultés provient du caractère individuel du chant populaire, caractère que nous envahissons, que nous sentons et que nous devons faire ressortir à force de travail, clairement contourné et sur la monture adéquate. Une telle œuvre, comme n'importe quelle autre, doit naître au bon moment ; elle doit, pour parler simplement, être une œuvre de l'inspiration.

Beaucoup considèrent comme contraire et désavantageux pour notre époque que la musique moderne doive se fonder sur la musique populaire. Avant de m'opposer à cette conception, je voudrais que nous nous demandions comment on peut établir un rapport entre une musique de concert édifiée à partir de la musique populaire et la nouvelle tendance de la musique atonale ou dodécaphonique. Je le déclare tout de go : cela est impossible. Et pourquoi ? — Parce que les chansons populaires sont toujours « tonales » ; la musique populaire « atonale » serait complètement inimaginable, dont il résulte que la musique dodécaphonique ne pourra jamais non plus se fonder sur elle. Que quelques compositeurs du XXe siècle attendent de l'inspiration de la musique populaire, cela forma seulement un obstacle au développement de la musique dodécaphonique. Je suis bien loin d'affirmer qu'il soit salutaire pour le compositeur d'aujourd'hui d'édifier sa musique sur des mélodies populaires. Mais je souhaiterais que nos opposants soient, face à la musique populaire, d'une disposition aussi libérale que moi.

Il y a peu, un de nos compositeurs connus s'exprima de la façon suivante : le dernier motif pour la collection de chansons populaires qui s'est répandue dans le monde entier serait la paresse et le souhait de renaître de cette source et de raviver le cerveau infructueux ; elle devrait cacher l'incapacité intérieure et éluder par des artifices adroits des combats internes.

Cette supposition repose sur une regrettable erreur. Quelle conception particulière de la composition doivent donc se faire ces gens ! Ils semblent croire que le compositeur qui s'est occupé de recueillir des chansons populaires s'assiérait à son bureau avec l'intention d'écrire une symphonie, qu'il mettrait son esprit à la torture, qu'il ne lui viendrait rien de judicieux, qu'il ouvrirait alors une collection dont il emprunterait une ou deux mélodies et que la symphonie serait déjà entière sous ses doigts. Mais cela n'est pas tout à fait aussi simple. C'est une grosse erreur d'accorder la plus grande signification à l'objet, au thème d'une composition. Comme nous le savons, Shakespeare a pioché ici et là l'action de ses pièces. Qu'il dût mendier des thèmes à ses voisins prouve-t-il qu'il était stérile ? Cachait-il ainsi son manque d'imagination ? Et Molière alors, qui n'empruntait pas que les actions, mais en même temps la construction (parfois il empruntait des métaphores entières, pendant des lignes, sous une forme inchangée !) ? N'est-il pas connu non plus que Hændel arrangea dans un de ses oratorios une œuvre de Stradella [7], et bien de façon si magistrale, dépassant tellement en beauté l'œuvre de départ qu'on ne pense plus du tout à Stradella ? Peut-on parler, là, de plagiat, d'incapacité ?

L'action d'un drame correspond, en musique, au matériau thématique. Comme en poésie ou en peinture, le genre de thèmes qu'on y utilise n'a absolument aucune importance. C'est le façonnement qui est décisif. Il dévoile le pouvoir, la force créatrice et l'individualité du compositeur.

L'œuvre de Bach est la somme de quelque cent années de création musicale avant lui. Son matériau musical se compose des mêmes thèmes que ceux que ses prédécesseurs ont déjà employés, et nous pouvons montrer dans sa musique des motifs et des phrases de Frescobaldi et de bien d'autres de ses précurseurs. Mais est-ce du plagiat ? Pour un artiste, il n'est pas seulement important, mais nécessaire de prendre ses racines dans la musique des temps anciens. Eh bien : nos racines se trouvent dans la musique paysanne. — Cette conception qui attribue toute l'importance à l'invention de thèmes est née au XIXe siècle, c'est une idée romantique qui place la prétendue originalité au-dessus de tout.

De tout cela, il est peut-être devenu patent que ce n'est en rien un signe d'« impuissance » et de « manque d'imagination » lorsqu'un compositeur édifie sa musique sur des motifs de la musique populaire, au lieu de prendre Brahms ou Schumann pour modèle [8].

Enfin, nombre de personnes disent que pour faire éclore une musique nationale il faut se plonger exclusivement dans la musique populaire et fondre son matériau motivique dans des formes déterminées. Cette opinion est fondée sur une conception à malentendu ; elle exagère l'importance des thèmes en soi et oublie de surcroît que seul l'art de produire une forme à partir du matériau thématique peut donner quelque chose. C'est dans une telle amalgamation seulement que se montre le caractère effectivement créateur d'un compositeur.

On peut donc dire que la musique populaire ne peut être source d'inspiration pour la musique d'un pays que dans le cas où la transplantation de son matériau motivique est l'œuvre d'un esprit créateur. Dans les mains d'un compositeur incapable, ni la musique populaire ni quelque autre matériau musical que ce soit n'ont jamais acquis de signification. S'il manque ce talent à un compositeur, il lui servira aussi peu de construire sa musique sur des motifs folkloriques que sur n'importe quel autre motif. Dans chaque cas, le résultat sera également nul.

Dans les pays qui ont peu ou pas du tout de véritable tradition musicale, la musique populaire aura une influence transformatrice incommensurable. La Hongrie, comme presque tous les pays de l'Europe du Sud, se trouve dans cette situation.

Pour conclure, je voudrais rappeler ce que Kodály a dit une fois à propos de l'importance de la musique populaire [9] :

« Il nous a été transmis par écrit si peu de chose de la musique hongroise ancienne qu'une histoire de la musique hongroise ne peut être rédigée qu'avec une connaissance précise de la musique populaire. On sait que beaucoup de choses de la langue originelle d'un peuple sont conservées dans ses dialectes. La même chose vaut pour les dialectes musicaux, qui gardent pour nous les rudiments de la langue musicale archaïque. Ainsi, pour nous, la musique populaire a plus de signification que pour les peuples qui ont développé depuis des siècles leur style musical particulier. La musique populaire de ces peuples a été assimilée à cette musique savante, et un musicien allemand trouvera chez Bach et Beethoven ce que nous devons chercher dans nos villages : la continuité d'une tradition musicale nationale. »

La musique d'autrui

De son vivant, Bartók était surtout connu comme pianiste ; aujourd'hui, on a un peu oublié cette activité du musicien. Pourtant, même si Bartók n'aimait guère les contraintes du spectacle, il a beaucoup approfondi son interprétation des œuvres d'autrui, tout particulièrement de Liszt et de la musique française du début de notre siècle. Dans ses concerts, il jouait aussi beaucoup d'œuvres anciennes, et il s'attacha même à en faire des éditions respectant les textes originaux (Scarlatti, Couperin, Rameau...).

Les quatre textes qui suivent mettent l'accent sur les aspects les plus importants de cette activité d'interprète et d'éditeur que fut Bartók et révèlent en même temps ce que ce travail a apporté au compositeur.

LETTRE A JÁNOS BATKA [1]

Passail [près de Weiz, Styrie].
16 juillet 1903.

Monsieur,

Recevez mes remerciements chaleureux pour votre envoi et votre lettre amicale. Parmi les compositions qui me sont adressées, je connais déjà les motets de Bach. Il y a 2 ans, je me suis acheté tous les 7 motets de Bach dans l'édition Peters [2]. La réduction de piano n'est pas jointe à cette édition. Je les ai tous joués plusieurs fois ; mais je ne me suis pas encore assez occupé avec eux pour en connaître un seul par cœur. Maintenant, je vais étudier le premier à fond. — Je ne connais pas cette partition de Palestrina, mais bien quelques autres. Je pense que de telles compositions vocales ne se prêtent pas à l'arrangement pianistique. Non que le piano ne puisse pas faire tout ressortir [les notes], mais parce que ces œuvres perdent totalement leur effet au piano.

Dans ces œuvres, la mélodie au sens moderne du mot manque du tout au tout ; leur beauté réside dans les harmonies archaïques particulières, dans la conduite des voix souvent complexe et dans la merveilleuse concordance sonore des voix chantées. Et justement : jouer cela au piano est impossible. Je pense que quiconque joue ou lit une telle composition à partir de la partition peut la savourer ; mais quiconque ne fait *que l'entendre* exécutée au piano, sans avoir une idée de la conduite des voix, etc., celui-là n'en recevra absolument aucune impression. Néanmoins, je vais tenter la chose ; peut-être arrivera-t-on quand même à mettre quelque peu en valeur leur beauté au piano [3].

Je lirai l'œuvre de Liszt avec intérêt ; actuellement, j'ai vraiment peu de temps pour cela, car je dois terminer ma symphonie « Kossuth » d'ici la fin de juillet.

Dès que j'aurai bien tout lu et étudié, je vous les renverrai.

D'ici là, je reste respectueusement

votre dévoué,

Béla Bartók.

LETTRE A LA SOCIÉTÉ DES NATIONS — C.I.C.I. [1]

Messieurs,

Membre de la Commission Internationale de Coopération Intellectuelle de la Société des Nations, je me permets de vous informer que j'ai l'intention de faire une proposition au courant de la Session prochaine de la C.I.C.I. au mois de mai, concernant les éditions des textes authentiques des œuvres musicales, proposition qui serait capable dans une certaine mesure d'attirer l'attention générale sur l'importance des publications de ce genre, et de par cela encourager les éditeurs à publier des textes authentiques qui sont en général difficiles à se procurer.

La plupart des éditions des œuvres libres se trouve tellement transformée et même déformée par des changements, des additions et interprétations arbitraires qu'on est incapable de se faire une idée juste des intentions originales du compositeur. Les œuvres les plus importantes, — je pense aux éditions completes des classiques allemands chez Breitkopf & Härtel, aux éditions des œuvres de Rameau, de Purcell, de Scarlatti etc. — ont déjà été publiées [en] reproduisant les textes authentiques, mais la plupart de ces publications, dont plusieurcs sont d'une grande importance pour l'usage quotidien (p. ex. les partita's, les sonates pour violon et cembalo [clavecin] de [J.] S. Bach, les sonates pour violon de Beethoven, etc.) ne sont malheureusement pas accessibles au public en général. Les volumes de ces éditions complètes ne se vendent pas séparément, quelques uns même sont déjà épuisés, et enfin les volumes que l'on peut encore se procurer sont à des prix extrèmement élevés.

L'entreprise louable de Breitkopf & Härtel, concernant la mise en vente séparée des volumes des éditions des textes authentiques à prix normal, ne fut pas continuée au courant des dernières 20 ans. Ces éditions de textes authentiques ne se bornent aujourd'hui qu'à quelques œuvres de S. Bach, de Ph. E. Bach, de Mozart, de Beethoven, et de Chopin.

Ma proposition serait à peu près la suivante :

Il serait à souhaiter que l'Institut de C.I. de la Société Des Nations fasse paraître un Catalogue rédigé par des experts, où on trouvera la liste de toutes ces éditions authentiques accessibles au public. Ce Catalogue serait de temps en temps complété par la liste des éditions nouvelles du même genre. Un certain nombre de ces Catalogues devrait être présenté aux gouvernements des différents pays avec prière de les transmettre aux plus importantes écoles de musique de leur pays. Le reste des Catalogues devrait etre vendu en librairie.

Un Catalogue de ce genre servirait aussi de propagande aux éditions des textes authentiques et stimulerait peut-être les éditeurs à faire paraître par volume et a prix réduit des éditions de textes authentiques. Une coopération serait peut-être nécessaire entre les éditeurs les plus qualifiés d'Europe. Quand un éditeur ne serait pas à même matériellement de faire paraître à la fois p. ex. toutes les œuvres des classiques allemands en édition de textes authentiques, on pourrait peut-être par une distribution sistématique, partager le travail entre plusieurs éditeurs.

Une deuxième proposition que j'ai l'intention de faire en même temps se rapporte aux éditions, en facsimilé, des œuvres de musique. Le fait est bien connu qu'on trouve des faute même dans les éditions de textes authentiques, concernant les intentions du compositeur. M. Schenker en cite des exemples dans sa propre édition des sonates de Beethoven publiée par B[reitkopf] & H[ärtel]. Je ne peux pas controler ses exemples puisque je n'ai pas l'occasion de comparer les manuscrits et les éditions originales avec l'édition des textes authentiques. Mais je peux moi même désigner une faute dans le Trio du deuxième mouvement de la sonate en Cis [Ut dièze] mineur : nous y trouvons les signes de sforzato mal placés. D'après l'édition en facsimilé de cette œuvre, on constate tout de suite que ces signes appartiennent exclusivement au « La bémol » prolongé.

Il est d'un importance capitale que les éditions en facsimilé, des plus importantes œuvres musicales soient à la disposition des professionnels et des étudiants. Naturellement les éditions en facsimilé ne rendent pas superflues les éditions de textes authentiques, car les premiers ne sont pas désignées à l'usage quotidien [pour] des raisons techniques. (difficultés de lecture, prix élevés). Aussi, l'organisation de ces éditions en facsimilé marcherait beaucoup plus lentement que celle des éditions authentiques.

Quant aux œuvres dont nous ne possedons pas le manuscrit, il faudrait donner un reproduction photographique de l'édition originale, ou de la plus ancienne et meilleure copie, naturellement seulement après avoir publié les éditions en facsimilé des manuscrits existants.

Ma proposition, concernant cette question serait a peu près la même que celle, concernant les éditions authentiques.

Je vous serais, Messieurs, très reconnaissant d'être assez aimables de me faire connaître vos opinions sur ces questions, et de bien vouloir m'aider de vos conseils avant que je ne soumette ma proposition à la Commission I.C.I.

Veuillez agréer, Messieurs, l'expression de mes sentiments respéctueux

Béla Bartók.

Budapest, le 12 fév. 1932.
III. Kavics-ucca 10.
(Hongrie)

LA MUSIQUE DE LISZT ET LE PUBLIC D'AUJOURD'HUI [1]

Il est vraiment étonnant qu'une partie considérable, je devrais dire la majorité des musiciens, soit incapable de se familiariser avec la musique de Liszt, malgré sa nouveauté et sa grandeur. Je ne parle pas de ceux qui sont tout simplement brouillés avec tout ce qui est nouveau et inhabituel. Mais à l'époque de Liszt, il y avait de grands, d'importants musiciens — et il y en a encore aujourd'hui — qui reculaient carrément devant cette musique, ou qui ne l'acceptaient pour le moins qu'à de nombreuses conditions, quand ils ne faisaient pas que la supporter. Il est inexplicable, par exemple, que personne chez nous n'ose se prononcer directement contre Wagner ou contre Brahms, alors qu'on pourrait trouver là aussi à redire sur telle ou telle chose si on donne déjà libre cours aux critiques à la musique de Liszt. Chacun ici trouve à dénigrer sur tout, du musicologue à l'élève du conservatoire.

On ne peut pas dire que la nouveauté et l'inhabituel constituent l'aspect rebutant : d'un côté, chacun entend assez de musique de Liszt, et, de l'autre, les critiques défavorables disent justement que cette musique est « triviale et ennuyeuse ». Cela résiderait plutôt dans la bien trop grande variété d'aspect de Liszt, dans sa réceptivité démesurée, tant pour ce qui est banal que pour ce qui est extraordinairement sensationnel. Tout ce que Liszt a vécu et ressenti, fût-ce trivial ou sublime, a laissé des traces impérissables dans ses œuvres.

Comme homme aussi, Liszt laissait voir des traits

fortement hétérogènes. Il se prépara à devenir prêtre catholique, et bien par conviction, mais il vécut maritalement, sans la consécration de l'Église ; il se passionnait pour le catholicisme ascète, mais il aimait autant les salons saturés de parfum ; il ne craignait point d'aller à la recherche des insalubres campements des Tsiganes de Hongrie [2], mais il se sentait aussi bien dans le milieu maniéré des magnats hongrois ; partout il se souvenait de la Hongrie comme sa patrie bien-aimée [3], pour laquelle il faisait des sacrifices, et il s'occupait tout spécialement avec beaucoup d'enthousiasme de la musique qu'il entendait en Hongrie, mais il n'apprit pas le hongrois [4], bien qu'il possédât un grand talent pour les langues. Il se comporta de la même façon dans sa vie musicale. Pendant sa jeunesse, il imita les mauvaises habitudes des freluquets du monde des arts d'alors : il « périphrasait et améliorait », faisait pour briller des compositions à partir de chefs-d'œuvre auxquels même un Franz Liszt n'aurait jamais dû toucher. Il se laissa influencer par le style mélodique très ordinaire de Berlioz, par le sentimentalisme de Chopin et, plus encore, par la routine et le conformisme italiens ; leurs traces affleurent partout dans son œuvre, et ce sont eux qui lui donnent l'apparence du trivial. Plus tard encore, alors qu'il apprit à connaître les pots-pourris tsiganes, il n'y fit que très peu la différence entre l'inhabituel et le routinier ; la musique tsigane opérait en lui par son primitivisme. Où qu'il allât, il trouvait toujours des impulsions musicales qui amollissaient son style, qui le faisaient fondre en quelque sorte. Mais cette trivialité est presque partout accompagnée d'une étonnante audace, tant dans la forme que dans l'intention. Cette audace n'est autre qu'une tendance fanatique au nouveau, à l'inhabituel. Liszt dit dans ses œuvres, dispersées au milieu de beaucoup de routine, plus de choses nouvelles que beaucoup de compositeurs que le public estime très souvent bien plus que lui.

Prenons quelques-unes de ses œuvres comme exemple. La première des œuvres de Liszt riches et grandes est sa Sonate pour piano [5]. Les quelques sombres mesures d'introduction, le premier groupe thématique de l'exposition, les suspensions en forme de récitatif qui précèdent le développement, la sombre coda qui renonce à tout effet extérieur et — le meilleur pour la fin — le fugato jaillissant comme des enfers... tout cela relève du plus grandiose qui existe en musique. Naturellement, à côté de cela, la suavité de l'andante en fa dièse inséré dans le développement est d'effet banal, de même que le sentimentalisme du thème secondaire dérivé du thème principal ou la partie transitoire pompeuse et vide à 3/2. D'un point de vue formel, c'est une perfection absolue, qu'il est bien rare de rencontrer chez Liszt, et, en même temps, un renouvellement révolutionnaire.

Prenons une autre œuvre très connue, le Concerto de piano en mi bémol majeur [6]. Par sa forme, c'est aussi une audacieuse innovation, il est également parfait ; mais son contenu ne satisfait pas le moins du monde, parce qu'en grande partie il n'est qu'un scintillement inconsistant : certaines idées y glissent même vers la musique de salon, quelle que soit la forme rayonnante dont elles sont revêtues. Tout à l'opposé de ce concerto, il y a la gigantesque Symphonie Faust [7] de Liszt. Une multitude d'idées fantastiques, la conduite méditée de l'ironie [8] diabolique (Méphisto) qui avait surgi pour la première fois dans la fugue de la sonate... tout cela en fait une œuvre immortelle. Mais ici on ressent autre chose qui gêne : certaines imperfections dans la forme, notamment la répétition routinière des diverses parties, certaines « séquences à la Liszt [9] », comme on dit... mais malgré cela, il y a aussi beaucoup de choses nouvelles dans les poèmes symphoniques. Avec la Danse macabre [10], qui a été complètement méconnue, Liszt a créé une musique extraordinairement émouvante. Nous entendons aussi quelque chose de remarquable dans le Prélude B-A-C-H et dans la Fugue [11], ainsi que dans les variations en forme de passacaille écrites sur le thème B-A-C-H [12]. Parmi les œuvres plus modestes pour piano, on trouve dans la série des Années de Pèlerinage [13] si peu prise en compte un mélange de choses étonnantes et d'autres ordinaires. Les œuvres qui devraient être les plus proches de nous, les Rhapsodies hongroises [14], sont moins réussies, et c'est peut-être justement la raison pour laquelle elles sont si répandues et si aimées. A côté de beaucoup de génie, elles ne contiennent pourtant en majeure partie que des formules de routine : de la musique tsigane, parfois mêlée à de la musique italienne (6e Rhapsodie), formellement quelquefois un conglomérat assorti aux règles (12e Rhapsodie).

En évoquant les séquences à la Liszt, nous touchons aussi à l'autre aspect de la critique. Dans ces répétitions qui émergent presque dans toutes les œuvres selon un seul et même modèle, il faut précisément voir la raison pour laquelle on taxe ces œuvres de monotonie. La malchance de Liszt a bien été d'être tout à fait isolé. Il s'élevait tellement au-dessus de son entourage que personne n'était à même de critiquer ce qui venait de lui ; au contraire ; cela était pris comme un cadeau divin. Ceux qui étaient à l'écart et qui le critiquaient furent désignés comme fous, de sorte que le chemin menant à Liszt restait barré à toute critique acceptable, intelligente et indiquant peut-être la bonne direction. Il n'est pas donné à tout compositeur, comme il le fut à Beethoven, de surmonter de soi-même toutes les difficultés et de créer à chaque œuvre quelque chose de parfait. Une seule personne aurait été susceptible de prendre la lourde charge de critique de Liszt, c'était Wagner. Mais Wagner faisait écho à l'amour de Liszt par l'indifférence : il ne se préoccupait pas de savoir si un autre réussissait plus ou moins bien [15], même si Liszt eût certainement pris à cœur ses conseils, et sinon ceux de personne d'autre. C'est également ainsi que s'explique, par exemple, le fait que Brahms ait exprimé un refus si tranchant de la musique de Liszt. Ce qui, chez Liszt, anticipait sur son temps, ce qui était nouveau, cela Brahms, qui ne s'était jamais élevé au-dessus de son époque, ne le reconnaissait pas. Ce qui, chez Liszt, est [16] imperfection de forme constitue une innovation ordinairement révolutionnaire, donc un anarchisme à rejeter aux yeux de l'apôtre de la forme traditionnelle. Que reste-t-il alors de Liszt ? Des banalités de forme et de contenu... et c'est pour cela que Brahms, dans une rage indescriptible, désignait par exemple le Dante [17] de Liszt comme de la « non-musique » qui ressortissait du fumier [18].

Mais le public de cette époque-là, pour lequel Liszt écrivait, prouve purement et simplement par son attitude de refus qu'il ne sait pas différencier la forme de l'essence et qu'il n'a pas une oreille assez affinée pour distinguer ce qui est important de ce qui est superflu. Quand il s'agit de juger un compositeur comme personnalité dans la littérature musicale, on ne devrait pas mettre l'accent sur la forme, et on ne devrait pas omettre de considérer les grandes beautés cachées derrière une forme occasionnellement imparfaite.

Je voudrais qu'on me permette, à ce stade, une remarque personnelle. J'eus la sonate de Liszt pour la première fois entre les mains alors que j'étais étudiant [19]. Je m'y essayai, mais je ne réussis pas à me familiariser avec elle. Je ressentis la première moitié de l'exposition comme froide et vide, et je ne réalisai pas du tout l'ironie du fugato. Bien entendu, cela se passait à une époque où je ne comprenais pas non plus les dernières sonates de Beethoven. Peu après, j'entendis la sonate de Liszt interprétée à la perfection par Dohnányi [20]. Malgré cela, j'étais encore loin de la comprendre. Quelques années plus tard [21], je me remis à nouveau à cette œuvre : ce qui m'intéressait, c'était la technique pianistique et la façon de surmonter ces difficultés. Et pendant l'étude, j'y pris peu à peu goût, même si ce n'était pas sans réserves. Ultérieurement [22], je m'entretins avec Dohnányi sur cette sonate et, à mon grand étonnement, il se révéla qu'il lui était arrivé la même chose qu'à moi avec cette œuvre.

Il appert qu'on doit d'abord s'habituer à une certaine sorte de musique. Cependant, notre public ne s'est jusqu'à ce jour pas habitué à la musique de Liszt.

LE RÔLE DE LA MUSIQUE FRANÇAISE AU DÉBUT DU XXe SIÈCLE [1]

Au point de vue politique et culturel, la Hongrie a souffert pendant des siècles de la proximité de l'Allemagne ; c'est là un fait que personne n'ignore. Cependant, nos élites intellectuelles se sont insurgées de tout temps contre cette situation anormale et ont reconnu que l'esprit latin — en tout premier lieu l'esprit français — est infiniment plus proche du génie hongrois que l'esprit germanique ; et c'est pourquoi cette élite s'est toujours orientée vers la culture française, qu'elle a considérée comme étant la plus conforme à sa nature.

Sur le plan de la musique, il n'en est pas moins évident, et d'ailleurs parfaitement compréhensible, que cette tendance s'est heurtée à l'absolue hégémonie de la musique allemande qui a régné durant trois siècles, jusqu'à la fin du XIXe. C'est alors qu'un tournant s'opère : Debussy apparaît et, dès lors, l'hégémonie musicale de la France se substitue à celle de l'Allemagne.

Les jeunes musiciens hongrois du début de ce siècle, parmi lesquels je me trouvais, s'étaient déjà orientés dans d'autres domaines vers la culture française. On imagine aisément la signification que prenait à leurs yeux l'apparition de Debussy. La révélation de cet art leur permettait enfin de s'orienter également vers la culture musicale française. La situation devint beaucoup plus stable et prit toute sa signification quand nous connûmes la musique de Maurice Ravel. Il ne s'agissait plus, en effet, d'un fait isolé et accidentel. La simultanéité de la production de Debussy et de celle de Ravel, toutes deux tellement significatives, avec tout ce qu'elles ont à la fois de commun et de différent l'une et l'autre, a définitivement assuré la place prépondérante à la musique française pendant le premier tiers de ce siècle. — L'apparition d'un génie isolé, quelle que soit son importance, peut ne pas être tout à fait convaincante relativement à la situation de la musique d'une nation ; on peut l'attribuer au seul hasard ; la rencontre de deux cas analogues est plus probante et, en tout état de cause, on peut en déduire qu'on se trouve en présence d'une sorte de cristallisation d'un phénomène produit par l'atmosphère du pays.

Et voici pourquoi, à notre point de vue hongrois, aux côtés de celui de Debussy, le génie de Ravel a une si grande signification.

Béla Bartók.

Troisième partie

Les Carpathes et la vallée du Danube

On sait l'importance que revêt dans l'esprit de Bartók la région carpatho-danubienne [1]. Il nous a laissé deux essais résumant largement le fruit de ses recherches en Hongrie et en Transylvanie (chansons roumaines et hongroises). Il ne lui a malheureusement jamais été donné d'écrire un texte semblable sur la musique slovaque, à laquelle il attachait pourtant beaucoup d'intérêt [2]. Le texte sur la musique roumaine et, plus encore, le texte beaucoup moins connu sur le rythme bulgare nous procurent de précieuses informations sur certains aspects spirituels et techniques de l'apport — plutôt que de l'influence — de la musique populaire dans son œuvre de compositeur.

Il convient de préciser que les deux articles sur le folklore des Roumains et des Hongrois constituent une entité au même titre que les articles de la partie précédente sur la musique moderne [3] : ils ont été publiés la même année par la même revue.

Un extrait de lettre décrivant la collecte de chansons en Slovaquie remplit le double office d'introduction à l'univers du folkloriste et de présentation de la musique slovaque : jamais la collecte de chansons ne doit être séparée de la vie paysanne qui, plus encore peut-être que la musique, attirait tant Bartók.

LETTRE A MÁRTA ZIEGLER [1]

Pcuple bon, naïf, archi-original ! C'est déjà le deuxième jour que je m'amuse ici. Comment ils se rassemblent autour de mon phonographe, comment ils s'efforcent que ma machine enregistre toujours plus de chansons ! Naturellement, ce n'est pas le résultat de la collection qui les intéresse, mais le grand entonnoir, la « truba [2] ». Même les enfants, on ne peut les engager à de grandes tâches que si l'on éveille leur attention sur un tel mobile, certes secondaire dans le travail en question, mais qui leur est plus proche.

Et que leur richesse en chansons est inépuisable ; en 2 après-midi, ils ont chanté 60 chansons ; il y a un an et demi, ils en avaient chanté 80 de la même façon. Au surplus, Darázs n'est qu'une toute petite commune de 1 000 habitants environ. Ici, je loge et recueille les chansons dans une maison paysanne. Mardi était férié, ils ont déjà commencé à 4 heures à venir à moi, petits et grands remplirent aussitôt la pièce. Et le flot des chansons se répandit. Pendant ce temps se déroulèrent aussi de gentils épisodes. Alors que je plaçais un homme élancé devant l'entonnoir, il retira respectueusement son chapeau. Hilarité générale ! Une jeune fille (elle était très jolie) chanta une chanson d'amour parlant de « Hanzika [3] ». Je ne compris pas bien le nom et les autre commencèrent à crier « Martinka, Martinka, dans la chanson le nom doit être Martinka [4] ». La jeune fille protesta dans un charmant embarras — il se révéla que son amoureux s'appelait Martinka : c'était la raison de toute la taquinerie. Plus tard, ils furent tout à fait turbulents. A la fin de chaque chanson, ils criaient dans le gramophone n'importe quoi qui n'avait rien à voir : dobru noc [5] ! ou Éljen [6] ! etc. ; il valait donc mieux cesser le travail. Un homme ivre entra et commença de crier à toute gueule qu'il voulait faire enregistrer sa voix. Ils partirent à neuf heures et demie. Qu'y a-t-il à dîner ? On me dit qu'il y avait trois œufs et du lait. Mais le feu est éteint, on doit d'abord l'allumer. On apporte de quoi chauffer — mais ça ne veut pas brûler. En regardant les ais de plus près, nous nous apercevons qu'ils sont complètement mouillés, comme si l'on venait juste de les laver — la grande foule a traîné à ses pieds toute cette eau dans la maison. On fait le lit — je touche par hasard le mur : l'eau coule presque dessus. Le diable fait chair doit taper dedans : d'où cela vient-il : dehors il fait un froid terrible, à l'intérieur c'est la condensation de 30 personnes pendant six heures entières : voilà tout [7] ! (En plus, la lampe a failli s'éteindre plusieurs fois dans la soirée : on n'a pu l'éviter qu'en ouvrant la porte.) Nous devons donc sans délai éloigner le lit du mur. Mais il est déjà trop tard, les draps sont complètement mouillés. — Je dois me féliciter : chambre froide, sol trempé, murs mouillés et en plus encore un lit humide !

Le feu commença enfin à brûler sans flamme, les gens de la maison allèrent se reposer, on me laissa la charge d'attiser le feu, cuire les œufs et réchauffer le lait.

J'inspectai d'abord le combustible. Lui aussi était mouillé. Je l'étalai sur le foyer afin qu'il y séchât pendant que je ferais les comptes du résultat de la collecte du jour. — Soudain de la fumée me pénétra dans le nez (voilà ce qui manquait) ; je regardai là-bas : les bouts de bois étalés avaient déjà pris feu. Je les retirai, en profitai pour me brûler les mains, et fis presque tomber les chaînons du foyer dans le feu — mon dîner simple comme celui d'un puritain fut enfin prêt et le feu flamboya gaiement. Mais cela servait bien peu dans une pièce aussi humide. Malgré cela, je dois dire qu'il y a longtemps que je n'ai pas savouré ainsi ce lait écru avec du pain noir ! Il n'était presque pas question de se déshabiller ; j'étalai mon manteau d'hiver sur le lit, me couchai habillé dessus et me recouvris de ma propre couverture. Ainsi se termina le premier jour au village de Darázs.

Le matin suivant, je fis une expérience remarquable : sitôt m'étais-je lavé à l'eau que mon corps fuma comme un cheval qui a beaucoup sué en hiver. Voilà quelle était l'énormité du froid et de l'humidité dans la salle !

Maintenant je peux dire avec joie que j'ai supporté tout cela et bien d'autres épreuves plus difficiles à raconter sans pour autant avoir le moindre rhume. Qu'on m'en préserve encore !

En conclusion, voici quelques bonnes mélodies paysannes [8] :

MUSIQUE POPULAIRE HONGROISE [1]

Quand on parle de la musique populaire de quelque peuple de l'Europe centrale que ce soit, on doit faire la différence rigoureuse entre deux types : la musique populaire des habitants (le plus souvent citadins) plus ou moins « cultivés », qu'on pourrait au mieux dénommer *musique savante d'aspect populaire* [2], et la musique populaire des paysans. Les deux sortes se différencient par des caractères extérieurs, mais surtout par leur mode de création ; le fait qu'ici et là des éléments du matériau de l'un passent dans l'autre ne tire pas à conséquence dans la distinction.

Dans ce qui suit, je veux exclusivement parler du second type, de la musique paysanne hongroise, comme la partie de la musique populaire hongroise la plus importante, tant du point de vue esthétique que numérique. Il convient seulement de dire ici à propos du premier type, la musique hongroise savante d'aspect populaire, qu'il est dans sa forme actuelle la création d'amateurs hongrois de la classe dirigeante du siècle dernier et qu'il a été pratiqué et divulgué principalement par nos ensembles tsiganes urbains ; il s'ensuit la dénomination de « musique tsigane » — fausse du point de vue scientifique [3]. Ce qu'on appelle de la musique « tsigane » est donc de la musique savante hongroise jouée par des Tsiganes. Sous cette dénomination, cette musique est connue dans le monde entier ; c'est sur elle que se fondent la plupart des arrangements hongrois de Liszt et de Brahms. Les non-musiciens (Tsiganes de village) ont bien aussi *leurs propres* chansons (en langue tsigane [4]), mais ces mélodies sont faites d'une tout autre façon, elles ne sont absolument pas jouées par les ensembles tsiganes urbains qui ne les connaissent même pas.

En revanche, la musique paysanne, plus ancienne et mise à la lumière depuis peu seulement, est sans aucun doute un reste de l'ancien patrimoine culturel commun à toute la nation hongroise (donc pas seulement de l'état paysan).

Pour la musique paysanne en général, il est hautement caractéristique qu'elle comporte ce qu'on appelle des types stylistiques unitaires, c'est-à-dire des groupes mélodiques dont les mélodies se ressemblent par leur construction et par d'autres aspects. La naissance de tels types stylistiques unitaires doit en tout cas être attribuée à la *tendance à la variation* d'une masse humaine, tendance qui est orientée dans *une* direction et qui opère inconsciemment ; quant aux membres de cette masse humaine, ils vivent dans des conditions semblables liant la communauté (même langue, même occupation, tempérament analogue, etc.), ils sont par ailleurs en étroit rapport les uns avec les autres, mais plus ou moins séparés du monde extérieur (population citadine, classe paysanne des peuples voisins, etc.). La naissance d'un grand nombre de mélodies de même facture dues à la tendance à la variation peut être expliquée grosso modo de la façon suivante : différents éléments musicaux étrangers d'origine variée pénètrent dans la musique d'une classe paysanne quelconque et sont peu à peu instinctivement remodelés par les paysans, jusqu'à ce qu'ils se ressemblent enfin dans la structure et les autres caractères et qu'ils se distinguent tout à fait de l'original adopté. Il existe des exemples hautement significatifs d'une telle déformation progressive ; mais il n'y a absolument aucune donnée permettant de dire que des individus paysans ont inventé des mélodies, et cela serait aussi difficile à expliquer psychologiquement. Par conséquent, la musique paysanne doit être considérée comme une expression artistique collective, alors que l'actuelle musique savante d'aspect populaire des Hongrois (les noms des auteurs de nombreuses mélodies ne sont en fait pas connus) doit être prise pour une expression artistique individuelle. Pour finir, je dois encore indiquer ceci : quand nous parlons d'art paysan, nous ne considérons pas comme paysans *tous* les gens qui pratiquent l'*agriculture,* mais seulement ceux qui donnent satisfaction à leur besoin d'expression physique et psychique soit sous des formes qui correspondent à leurs traditions, soit sous ces formes d'expression d'origine étrangère qui sont remodelées en fonction de leurs propres dispositions psychiques.

L'observateur allemand remarque dans la musique paysanne hongroise deux types surtout qui sont foncièrement différents de toute musique de l'Europe occidentale. L'un est celui de nos vieilles mélodies appelées « rubato ». Il sera surtout frappé par le rythme libre, déclamatoire qui repousse toute division régulière en mesures.

[Trad. [5] :]
Partout où je vais, même les arbres pleurent,
De leurs faibles branches tombent les feuilles.

[Trad. :]

Où allez-vous, les trois orphelins ?
« Je quitte la maison.
Debout, debout, chère Maman,
Car nos vêtements de deuil sont déchirés. »

(C'est la strophe tronquée d'une ballade plus longue : trois orphelins partent dans le monde et rencontrent sainte Marie qui leur donne une baguette. Ils en touchent le tombeau de leur mère et peuvent alors parler avec elle. Ils la prient de leur revenir, car ils vont mal. La mère répond qu'elle ne le peut pas parce qu'elle est déjà décomposée.)

Le rythme apparemment extrêmement complexe que l'on voit dans nos deux exemples [6] peut certes être ramené théoriquement à un schéma de huit croches égales par vers dont la dernière (ou l'avant-dernière) serait allongée par un point d'orgue, mais il est bien rare qu'on entende de telles formes simplifiées (peut-être « primitives »), et même si c'était le cas, ce ne serait jamais en croches effectivement égales : les croches, dans ce cas aussi, n'ont qu'approximativement une longueur égale, elles s'accommodent dans leur rythme à celui du texte placé dessous ; le caractère de l'exécution doit donc être plutôt comparé à un récitatif. A ma connaissance, ce type d'exécution manque à la musique populaire allemande [7] ; en revanche, en Europe orientale et en dehors des Hongrois, il est connu des Slovaques, des Roumains, des Yougoslaves (et peut-être encore d'autres peuples).

Une seconde particularité frappante de ces vieilles mélodies est leur pentatonisme, manifeste ou plus ou moins caché, c'est-à-dire que l'échelle sur laquelle se meuvent ces mélodies est une gamme mineure (exclusivement la forme descendante de ce qu'on appelle l'échelle mineure) dont la seconde et la sixte font défaut. Elle n'a donc que cinq degrés ; si l'on admet la note sol comme fondamentale, on obtient : sol', si bémol', do'', ré'', fa'' (jamais fa dièse) et sol'' (aussi fa') [8]. A cause du fa (au lieu du fa dièse) comme degré de septième, il est évident que cette gamme ne supporte pas la cadence dominante-tonique habituelle, d'autant que la « dominante » ré'' n'y a pas la fonction dominantique comme dans la musique savante européenne. Une autre particularité de cette échelle est que non seulement la tierce et la quinte mais aussi la septième doivent y être considérées comme consonances ; en fait, chacun des cinq degrés constitue bien une consonance dans son rapport à tout autre degré [9]. Il arrive souvent que le second et le sixième degrés, qui manquent originellement, soient utilisés, toutefois ce n'est que comme note de passage (sur un temps faible) ou d'ornement. Dans la ligne mélodique, nous trouvons fréquemment des sauts de quartes : un cercle autour d'un point central (si bémol′ — do″ — ré″) ; il est aussi frappant que la première moitié de la mélodie se meuve surtout dans la moitié supérieure de la gamme et que la ligne mélodique ne s'incline vers la fondamentale que dans sa seconde moitié. Nos deux exemples montrent la structure typique de ces mélodies : quatre lignes mélodiques métriquement de même longueur, césure au milieu (entre les seconde et troisième lignes de la mélodie) ; dans le texte, le nombre de pieds est le plus souvent de huit ; le contenu mélodique des lignes est le plus souvent différent.

Maintenant se pose cette question : d'où savons-nous que ces mélodies sont « vieilles » ? (Dans la recherche des chansons populaires, quand nous parlons de « vieilles » mélodies, nous entendons par là des mélodies vieilles de quelques centaines d'années, sinon de quelques milliers.)

Nous n'avons malheureusement aucune preuve directe de leur âge ; mais leur ornementation archaïque, leur échelle pentatonique primitive, le caractère archaïque de leurs textes, etc., permettent des conclusions sur leur grand âge [10]. Quand et où ces mélodies de la plus grande valeur, dont les textes sont exclusivement d'anciens textes lyriques ou de ballades, étaient-elles chantées ? Elles étaient en tout cas les « chants de travail » par excellence [11] des temps anciens. Nous devons malheureusement dire « elles étaient », car depuis plusieurs décennies elles sont en voie de disparition, c'est-à-dire qu'il y a trente ou quarante ans déjà elles étaient presque exclusivement chantées par des gens âgés. Mais, déjà à cette époque, même ces personnes âgées ne les utilisaient pas vraiment, car elles auraient été soumises à la moquerie de la jeunesse qui — c'est chez nous comme partout ailleurs — a l'habitude de se moquer de tout ce qui est « démodé ». On peut se représenter quelles difficultés eurent les chercheurs qui s'étaient justement fixé pour but de sauver ce matériau le plus précieux de son déclin. Il n'était presque pas possible d'amener les vieilles gens, notamment les femmes, à chanter. L'une avait honte et disait : cela ne convient vraiment pas à une vieille femme ; l'autre craignait qu'on ne fasse que plaisanter et lui faire des farces — beaucoup soupçonnaient même dans le chercheur un fonctionnaire des impôts qui voulait aussi taxer les chansons des villages. Avec beaucoup de peine et de persévérance, nous parvînmes néanmoins, en l'espace d'une décennie et demie, à noter et à phonographier en partie environ deux cents mélodies-mères de cette vieille catégorie ainsi que plusieurs centaines de variantes.

Il n'était plus question d'une exécution en chœur (unisono) ; on était bien content quand on pouvait trouver dans un village deux ou trois vieilles personnes connaissant des chansons. Et même s'il s'en trouvait plusieurs qui connaissaient par hasard le même matériau, elles étaient si peu disposées au chant en commun, elles étaient si peu accordées pour l'exécution des ornements parfois vraiment complexes, qu'il n'était même pas possible d'essayer de chanter en chœur.

Nous avons dit précédemment que ces chansons avaient dû être des chansons de travail. Nous n'avons pas non plus de preuves directes pour cela, mais, sur la base des analogies que nous établissons avec la musique paysanne roumaine, nous pouvons affirmer en toute assurance qu'elles étaient des chansons de travail — naturellement pas dans le sens où leur texte et leur rythme pourraient se rapporter au travail, mais seulement dans le sens où elles étaient chantées en chœur pendant le travail réalisé en commun (et il y en avait de toutes les sortes autrefois : écorçage du maïs, ébarbement des plumes, filage en hiver, travaux des champs en été).

Une autre occasion de faire de la musique collectivement était la danse. Les objets de cela étaient les vieilles chansons de danse. Leurs mélodies ne se différencient de celles « rubato » que je viens de décrire qu'en ce qu'elles ont (cela va de soi) un rythme fixe et qu'elles sont beaucoup moins ornées — quand elles sont chantées. On n'a conservé que des restes épars de cette vieille musique de danse ; la manière de se mettre à jouer des airs de danse de type ancien, la chorégraphie, etc., n'ont pas du tout pu être observées, car de nos temps cette vieille catégorie n'est plus pratiquée de longue date. Nous en sommes donc remis à des suppositions si nous voulons tenter une misérable reconstruction de cette pratique musicale : dans les temps les plus reculés, des joueurs de cornemuse ou d'autres instrumentistes paysans (naturellement de la classe paysanne) étaient probablement les musiciens de la danse, car il n'y a que vingt ans nous avons trouvé dans plusieurs régions des villages où c'était effectivement encore le cas. C'est seulement plus tard, depuis deux siècles environ, que l'état de musicien passa peu à peu dans les mains des Tsiganes ; aujourd'hui, les musiciens des villages sont à quelques exceptions près également des Tsiganes. (Mais ce musicien de village joue le plus souvent un programme paysan et de façon authentiquement paysanne — au contraire des musiciens tsiganes des villes ; toutefois, il ne joue aujourd'hui que les mélodies récentes dont il sera plus amplement question plus bas.)

Au reste, il est possible qu'on n'ait absolument pas eu de musicien dans les temps anciens et que la musique ait été donnée par le chant des spectateurs et, peut-être aussi, par celui des danseurs eux-mêmes. Toutefois, on a probablement aussi chanté par moments en même temps que les instruments à l'époque où des instrumentistes fournissaient déjà la musique de danse.

Nous avions par ailleurs des chansons de cérémonies, je dirais presque « rituelles » : chansons de noces, chansons des moissons (donc une sorte de véritables chansons de travail), complaintes mortuaires, une certaine sorte de chansons de Noël (dont des fragments de textes remontent même aux temps païens), des chansons humoristiques, « pour chanter un couple », des chansons enfantines ou de jeu. Il n'y a pas assez de place ici pour décrire tous ces « chants de circonstance ». Disons seulement que nombre de ces types offrent des mélodies plus archaïques (mais dans les deux cas ce sont des mélodies tout à fait différentes du type dont il a été amplement question précédemment) ; ajoutons que tous ces groupes — à l'exception des chansons humoristiques — ne sont représentés que par très peu de mélodies, enfin que dans la plupart des localités les types de chansons considérées ont aussi déjà disparu, avec les coutumes auxquelles ils appartiennent.

La seconde sorte de chansons qui frappe l'étranger est cclle des « nouvelles » chansons. Elles sont « nouvelles » parce que, selon toute probabilité, elles ne sont nées que dans les soixante-dix ou quatre-vingts dernières années, ou du moins qu'elles ne se sont épanouies pleinement qu'à ce moment-là. Il y a trente ou quarante ans, elles étaient encore pratiquées exclusivement par la jeunesse ; les gens très âgés ne les connaissaient absolument pas, ce qui est une preuve presque certaine de leur nouveauté. En elles, ce qui frappe le plus l'étranger, c'est leur rythme dit « pointé » ($\frac{4}{4}$ ♩. ♪♪♩. ‖ ou $\frac{4}{4}$ ♪♩. ♩. ♪‖ etc.), dans un tempo raide de marche ou de danse qui, cependant, se modifie éventuellement d'une strophe à une autre. La modification est due au rapport de longueur des syllabes dans la strophe qui suit. A ce propos, il faut remarquer que la métrique populaire hongroise n'est pas fondée sur les longues et les brèves, mais sur l'accentuation ou non des syllabes ; la succession de syllabes toniques et atones ne produit pas des pieds à l'antique, mais des pieds d'un autre genre. Cependant, on ne doit pas oublier trois facteurs importants : 1° A l'opposé de la règle allemande de l'accentuation, une syllabe *brève* peut être *tonique* aussi bien qu'une *longue* peut être *atone* dans la langue hongroise [12] ; 2° Chaque mot porte l'accent sur la première syllabe [13] ; 3° Une syllabe accentuée dans la langue peut tomber sur un temps atone de la mesure [musicale], ou inversement (toutefois sous certaines limites).

Par ces trois particularités, on explique d'une part le caractère changeant du rythme pointé, d'autre part la fréquence du rythme ♪♩. ♪♩. qui cause des difficultés si insurmontables pour la traduction des textes en allemand ! Car dans la langue allemande une succession de syllabes comme brève tonique + longue atone est impossible. (Sur ce point, la langue anglaise est déjà plus souple, et cela à cause de la présence de ce qu'on appelle le rythme écossais [14], qui correspond exactement au rythme pointé hongrois.) Par bonheur le traducteur est tiré d'embarras par la particularité « changeante » de ce rythme : en hongrois, un ♪♩. peut ou doit se transformer dans la strophe suivante éventuellement en ♩♩ ou en ♩.♪ .—. Il s'ensuit qu'un ♪♩. impossible pour les mots allemands peut très bien être remplacé par les deux rythmes qui viennent d'être cités ; on doit seulement prêter attention au fait que la succession ♩. ♪|♩. ♪| soit réduite, car ce rythme boiteux trochaïque contredit tout à fait l'esprit de la musique paysanne hongroise.

Une autre particularité de cette catégorie nouvelle est la structure architectonique en quatre lignes des mélodies, notamment cette structure où la première ligne est semblable à la quatrième et la deuxième à la troisième (cf. les deux exemples suivants [15]).

[Trad. :]

Ah, que la nuit est sombre de nuages,
(seule) l'étoile de l'amour est merveilleuse ;
Les nuages noirs s'amoncellent,
seule une étoile brille au-devant.

[Trad. :]

Hein, Monsieur le Juge[16]*, Juge du village,*
que les corbeaux arrachent les deux yeux !
(Car) tu as inscrit mon nom pour être soldat,
mais les filles m'aiment à la maison.

Il faut noter qu'à côté du majeur et du mineur modernes ces mélodies nouvelles présentent fréquemment aussi certains tons d'église — l'éolien (premier exemple), le dorien, le mixolydien (second exemple) ! D'ordinaire, les textes ont un contenu lyrique, et ils sont souvent d'une nouveauté prononcée.

Les chansons nouvelles constituent aujourd'hui l'unique fonds musical des paysans hongrois ; elles sont chantées aussi bien pendant l'exécution du travail en commun que pendant la marche (soldats, travailleurs rentrant au foyer), en chœur (toujours seulement à l'unisson !). Elles servent autant à la musique de danse — jouée par les Tsiganes de village — que comme mélodies des chansons humoristiques déjà évoquées (« pour chanter un couple »). La différenciation des vieux temps s'est résolue dans l'hégémonie d'un seul type ! La tendance à l'uniformisation se fait valoir pour ainsi dire dans ce domaine.

Il résulte de ce qui a été dit jusqu'ici que recueillir ces chansons ne pose aucune difficulté particulière : jusqu'à ce jour, on a noté huit cents mélodies-mères et quelques milliers de variantes.

La musique paysanne « des temps modernes » tellement passée à la mode a aussi exercé une influence considérable sur la nouvelle musique paysanne des peuples voisins (Slovaques, Ruthènes).

Maintenant, il reste un nombre — absolument

pas insignifiant — de mélodies qui n'entrent ni dans la catégorie de la vieille musique paysanne ni dans celle de la nouvelle. Ces mélodies appartiennent à des types très divers. Plus on peut montrer de traits communs de la musique paysanne ancienne ou récente dans celui-ci ou celui-là des deux groupes de mélodies, plus on peut être certain qu'ils sont des créations hongroises. En revanche, ces sous-classes qui n'ont absolument rien de commun avec les deux catégories principales sont nées sous des influences étrangères (cf. l'exemple suivant [17]) ou qui sont des mélodies empruntées sans modifications à des peuples voisins.

[Trad. :]

Oh, arrête ! L'auberge est ici.
Je veux vendre mes rênes et mon harnais,
(Et) vivre un bon petit moment.

En comparant le matériau, on a souvent pu déterminer une influence slovaque ou ruthène (presque pas d'influence roumaine ou yougoslave). Il faut noter l'absence d'influence allemande directe, quoique la Hongrie soit à la frontière de l'Autriche *[das österreichische Deutschtum].* Par exemple, nous n'avons absolument pas de mélodies de jodler [18] empruntées (du genre de celles que les Slovènes de la Carniole chantent à satiété). Les mélodies à caractère allemand qui se trouvent dans le matériau hongrois nous sont probablement venues indirectement, par l'intermédiaire tchéco-moravo-slovaque.

MUSIQUE POPULAIRE ROUMAINE [1]

Les remarques générales sur la chanson savante d'aspect populaire et la chanson paysanne que j'ai placées en tête de mon article « Musique populaire hongroise » se rapportent également à la musique populaire roumaine. Seulement, la chanson savante d'aspect populaire et l'exécution des Tsiganes des villes jouent un rôle beaucoup moins important chez les Roumains, du moins dans la zone la plus profondément étudiée jusqu'à maintenant, la Transylvanie. Nous ne savons pas au juste quelle sorte de musique populaire existait ou existe dans l'ancienne Roumanie (Moldavie, Valachie). Car avant la guerre il n'y eut là-bas aucun travail de collecte notable ; après la guerre, on s'est empressé de rattraper ce qui avait été oublié, mais on n'a malheureusement jusqu'ici presque rien publié du riche matériau qui a été recueilli. Les observations qui suivent ne se rapportent donc par la force des choses qu'à la zone de la Transylvanie.

Il y a vingt ans, le collectionneur y trouvait encore des conditions primitives dans la musique paysanne, qui faisaient du travail de recherche un véritable plaisir. Selon toute apparence, cet état primitif ne put arriver jusqu'à l'époque présente sans changement que là-bas, où les conditions de vie étaient telles qu'elles permettaient de tenir à l'écart des paysans la civilisation moderne « salutaire » des villes. De telles conditions sont en première ligne : le manque d'écoles, de moyens de communication, d'ambition des habitants. On trouvait de telles circonstances magnifiques pour celui qui recherche l'état primitif au Nord (Maramureş [2]), au Centre-Ouest (Bihor [3]) et au Centre-Sud (Hunedoara [4]). C'était pendant des lieues des villages habités d'autant d'analphabètes, c'était des lieues et des lieues sans chemin de fer, parfois même sans route carrossable ; c'était la production maison autant que possible de tous les articles nécessaires ; c'était une population qui, mis à part l'éloignement inévitable causé par la nécessité (armée, justice), ne quittait jamais son étroit foyer. Quand on pénètre soudainement dans une telle région, on se sent comme déplacé au Moyen Age. On parvient seulement alors à la conviction que pour ainsi dire toute pratique musicale des paysans a dû être autrefois un acte de la communauté (dans les régions roumaines décrites ici, c'est encore le cas de nos jours).

Tout événement important de la vie humaine, Noël, la récolte, les noces, la mort, etc., peut et doit avoir lieu seulement en liaison avec certains rites venus des temps anciens ; une partie importante et intégrante de ces rites est l'exécution des chansons correspondantes ; chacun de ces événements se déroule comme un acte religieux, en suivant rigoureusement des prescriptions déterminées. Toutes ces chansons rituelles sont naturellement exécutées exclusivement en liaison avec les cérémonies correspondantes ; il n'est pour ainsi dire pas à propos de chanter de telles chansons pour passer le temps. Cette coutume rigoureuse cause ici et là quelques difficultés au chercheur : par exemple, il ne peut parfois arriver à entendre des complaintes mortuaires qu'après de longues discussions seulement, car — comme les gens disent — « on ne peut quand même pas chanter une complainte mortuaire s'il n'y a pas de cadavre ».

En ce qui concerne la partie musicale des catégories de chansons évoquées ci-dessus, celles des chansons de Noël (en roumain : « colinde ») sont les plus importantes [5] ; du point de vue du folklore et même de l'histoire culturelle, elle offre par ailleurs grâce à ses textes aussi un matériau de la plus grande valeur et du plus haut intérêt. Maintenant, on ne doit pas non plus se représenter ces « chansons de Noël » comme quelque chose qui correspondrait aux pieuses chansons de Noël de l'Europe occidentale. La partie la plus importante — peut-être un tiers — des textes, déjà, n'a absolument rien à voir avec la fête chrétienne de Noël : à la place de l'histoire de Bethléem, nous y trouvons la description de combats merveilleux et victorieux avec un lion (ou un cerf) qui n'avait encore jamais été vaincu, la légende des neuf enfants humains qui ont chassé pendant si longtemps dans les futaies qu'ils se sont transformés en cerfs [6], l'histoire merveilleuse contant comment le Soleil demanda sa sœur la Lune en mariage (car dans les langues latines le soleil est du masculin et la lune du féminin [7] !), etc. Ce sont donc autant de textes qui ont encore survécu des temps païens ! L'une des principales fêtes des peuples païens était la fête du solstice d'hiver. Or il s'est trouvé — était-ce par hasard ou à propos, cela reste indécis — que la fête de Noël des chrétiens tombait exactement au moment du solstice d'hiver. Il n'y a aucun miracle que les peuples païens convertis au christianisme aient, d'une façon ou d'une autre dans leur subconscient, identifié les deux fêtes. On peut tout au plus considérer comme un miracle la survie intacte des textes païens après tant de siècles.

Bien sûr, il existe aussi des textes de colinde « religieux » : des légendes notablement naïves avec des figures bibliques comme personnages de l'action.

Le chant des colinde se déroule de la façon suivante : après une « étude » de plusieurs semaines des colinde (chant choral à l'unisson) sous la direction d'un chef de groupe, un groupe d'environ huit à dix garçons s'en va chanter les colinde le soir de Noël. On s'arrête devant chaque maison du village et on demande si les occupants de la maison permettent de chanter les colinde. Dans la pièce, on fait alors savourer quatre à cinq colinde en chant responsorial où le groupe se divise en deux et où les strophes sont alternativement chantées par chaque partie. A la fin, on fait un cadeau au groupe, qui s'en va vers la maison du voisin. Les détails du rite, qui ne peuvent pas être évoqués ici, sont naturellement soumis à des changements selon les régions.

En ce qui concerne les mélodies, leur style est différent dans les trois ou quatre régions principales de Transylvanie — cela mis à part quelques traits communs, par exemple le rythme rigide, la structure généralement ternaire, la préférence accordée aux tons ecclésiastiques et aux autres tons archaïques ou orientaux. La région la plus riche en colinde est le centre-sud de la Transylvanie, où un style unitaire de colinde s'est cristallisé — comme d'ailleurs également au Centre-Ouest. Notre prochain exemple provient de la première région citée :

[Trad. :]

Se trouverait-il quelqu'un au monde,
Monsieur, Madame,
Pour m'apporter un lion ligoté ?

(Ce sont les premiers vers d'un texte de colind du type des ballades : Il y a un jeune homme qui trouve le lion. Ils combattent trois jours et trois nuits, jusqu'à ce que le jeune homme parvienne à vaincre le lion, à le ligoter et à le traîner au village.)

Il faut remarquer le changement constant de mesure : que l'on pense au fait que cette mélodie « complexe » et beaucoup d'autres semblables sont chantées avec la plus grande assurance et évidence par des analphabètes : c'est la meilleure preuve que beaucoup de théoriciens se trompent grandement quand ils croient qu'un fréquent changement de mesure serait quelque chose d'artificiel. L'exécution généralement habituelle, dynamiquement très forte, produit plutôt une impression sauvagement guerrière que pieusement religieuse.

On attend encore des recherches pour savoir s'il existe un rapport entre ce matériau mélodique —

environ douze pour cent de l'ensemble du matériau chanté en Roumanie — et une quelconque musique d'église (la byzantine peut-être).

Les chansons rituelles qui viennent en seconde position par leur importance musicale sont les complaintes mortuaires [8], dont beaucoup rappellent un récitatif grégorien [9]. Le plus souvent, il n'existe dans un village qu'*une seule* mélodie prescrite pour la veillée mortuaire et une autre pour l'enterrement ; il y a aussi des régions où il existe deux mélodies différentes, l'une obligatoire pour la plainte sur les jeunes, l'autre pour celle sur les anciens [10]. Les nénies ne sont chantées que par des femmes, généralement avec un texte improvisé selon certains modèles. L'exemple qui suit est une nénie de la région du Banat :

[Trad. :]
Catherinette, prends le bonjour [l'adieu !]
de ta bonne maman,
du feuillage des tilleuls,
de tes trois enfants !

Les autres chants rituels ont (numériquement aussi) moins d'importance. On indiquera comme curiosités : les chants de conjuration dans plusieurs régions (« contre la maladie », conjuration de la pluie contre la sécheresse) et, comme aspect négatif particulier, l'absence totale de chansons enfantines et de jeu.

Les chansons des catégories dont il a été question jusqu'à maintenant peuvent passer pour rituelles-religieuses ; on peut tout à fait considérer les chansons et mélodies de danse comme rituelles-profanes.

La place manque malheureusement ici pour décrire à fond la musique de danse. Disons seulement ceci :

La musique de danse est offerte généralement sur un seul instrument, par exemple la cornemuse, la grande flûte, le violon (plus rarement deux violons), dans certaines régions par les paysans comme musiciens, ailleurs par les Tsiganes de village.

Il existe de nombreux types de danse, différents selon les régions et aussi dénommés diversement. En dehors des danses d'ensemble, dont certaines s'apparentent au jeu de société, il existe aussi des danses pour deux (garçon et fille) et pour homme seul.

Dans quelques types de danse pour ensemble ou à deux, les danseurs ou les spectateurs affectionnent de déclamer au rythme de la musique (une syllabe par croche) des vers de huit pieds, généralement de contenu facétieux, appelés cris d'allégresse (chiuituri). Dans quelques régions on chante ces cris d'allégresse sous une forme simplifiée de la mélodie (seulement des croches), comme dans l'exemple suivant qui provient du Centre-Ouest (Bihor) :

[Trad. :]

L'envie m'est venue de me promener,
tant en rase campagne que dans les prés.
Hé poivre et sel, seulement poivre et sel.

La catégorie la plus importante des mélodies est sans doute celle des chansons non rituelles, celles qui ne sont donc liées à aucune occasion ou cérémonie précise. Mais comme elles sont habituellement chantées en chœur commun (à l'unisson) pendant l'exécution du travail, elles peuvent être considérées comme des chansons de travail — même si ce n'est pas au sens propre du mot —, c'est-à-dire presque comme des chansons de circonstance. Presque seulement, car — au contraire des chansons vraiment rituelles — il est tout à fait convenable de les chanter aussi loin de tout travail, même en solitude, même tout à fait seul, comme cela est effectivement le cas. Ces mélodies du matériau roumain correspondent aux vieilles mélodies *parlando-rubato* du matériau hongrois, tant par leur fonction que par certaines particularités de caractère. Elles s'en distinguent par des différences de structures et aussi en partie de gammes. Les mélodies *parlando-rubato* roumaines sont encore plus ornées et sont encore plus rarement chantées sous leur forme incomplète faite uniquement de croches. Elles se composent généralement de lignes mélodiques métriquement égales ; sous chacune d'entre elles on place un octosyllabe (de même que dans la majeure partie des vieilles mélodies hongroises, mais seulement on trouve aussi dans ces dernières des vers de douze, six, neuf, dix et onze pieds, tandis que ces textes populaires roumains ne connaissent que des vers de huit pieds).

La forme ternaire (trois lignes mélodiques) est caractéristique de quelques régions (en fait celles où les mélodies *parlando-rubato* ont un caractère roumain particulier plus décisif ; cf. l'exemple suivant du Bihor) ; pour d'autres régions, ce n'est que la forme en quatre lignes, alors que le matériau hongrois ancien ne connaît que cette forme-là.

[Trad. :]

J'ai un cher amant [11], (bis)
Il est monté dans le couloir.

(En résumé, la suite du texte dit : Avant que je te prenne pour femme, je dois encore passer trois ans et demi l'arme à l'épaule, c'est-à-dire comme soldat.)

Comme la culture à laquelle appartiennent ces mélodies est encore en pleine vigueur, on peut en observer sans autre difficulté l'exécution chorale, on a même obtenu les *plus beaux* phonogrammes avec de *telles* exécutions. On est complètement émerveillé de voir avec quelle précision extrême les chanteuses exécutaient ensemble les mélismes souvent si compliqués, notamment quand il s'agissait d'un groupe de ces jeunes filles ou femmes qui pratiquent beaucoup et souvent le chant en communauté. Dans ce cas-là, l'exécution des mélismes reste presque inchangée même d'une strophe à l'autre.

En dehors du chant choral qui est pratiqué pendant le travail en commun — travaux des champs, filage, écorçage du maïs, ébarbement des plumes — ces chansons ont aussi un effet liant la communauté grâce à leurs textes. Tout un chacun, dans le village, est disposé à raisonner immédiatement sur ces textes (au contenu généralement lyrique), en partie par sa propre expérience, en partie d'après celle de ses proches. C'est que dans ces textes il s'agit de sentiments accessibles à tous et qui sont exprimés par des tournures que chacun connaît depuis l'enfance. Il n'est pas encore prouvé actuellement que l'exécution des textes de ballades, beaucoup plus rares, ait été réservée jadis à des chanteurs spéciaux — en quelque sorte des rhapsodes roumains — (comme c'était le cas chez les Yougoslaves, les Ukrainiens, etc.).

Entreprendre ici une description scientifique de fond sur les particularités caractéristiques de ces mélodies *parlando-rubato* mènerait trop loin. Je n'énumérerai que quelques spécificités générales qui doivent presque surprendre un Européen de l'Ouest ou du Centre.

1. Dans la chanson populaire roumaine (je parle notamment de la dernière catégorie évoquée), il n'y a pas de *construction strophique du texte.* On place

en général sous une mélodie seulement un vers, répété trois fois pour celles qui ont trois lignes [mélodiques], quatre fois pour celles qui en ont quatre. Les mélodies à quatre lignes peuvent éventuellement aussi avoir deux vers chacune (tous les deux répétés).

2. *Il n'y a que des octosyllabes,* à l'exception des refrains caractéristiques d'une certaine région et qui peuvent aussi se composer de vers plus ou moins longs en syllabes (cf. l'exemple suivant, de la zone du Banat).

[Trad. :]

Dans tout le pays de Honţ, (bis)

Georgette, Georgette, Fleur de jardin.

(Suite du texte : *Il n'y a pas de fille (plus belle) que la fille Moţ.*
Elle est simplement assise
et souffle dans une feuille,
elle mange du pain et du fromage de brebis.
Mais la pauvre fille roumaine
travaille tout le jour à la houe
et mange (seulement) du maïs et des oignons.)

3. *La mélodie et le texte ne forment pas une unité inséparable* dans la mesure où sous chaque mélodie *parlando-rubato* x voulue peut être placé un texte lyrique ou de ballade x voulu. Chez d'autres peuples, il suffit de citer les premiers mots d'une chanson et chacun sait de quelle mélodie il s'agit. Il n'en est pas ainsi chez les Roumains. Au printemps 1914 à Budapest, alors que je faisais une conférence sur la chanson populaire roumaine [12] dans laquelle les illustrations de chansons furent présentées par des paysannes roumaines, je fus obligé de les leur siffler d'abord doucement quand je voulais avoir l'exécution d'une mélodie déterminée. Car, comme je l'ai dit, aucune mélodie n'a ses propres textes, on peut lui apposer n'importe quel texte voulu.

4. *L'intonation de certains degrés est fluctuante* (seconde, tierce, parfois même la quinte) : on entend de nombreuses gradations entre la seconde ou la tierce majeure et mineure, entre la quinte juste ou diminuée, sans qu'on puisse percevoir quelque processus systématique que ce soit. On a l'impression que cela se passe comme si cette pratique musicale ne dépendait nullement d'une intonation fixe (pure).

5. La zone de Transylvanie se divise en quelques *zones dialectales de musique*. Les mélodies *parlando-rubato* de chaque zone ont leurs caractères fortement reconnaissables. Les mélodies d'*une* zone ne sont absolument pas connues dans les *autres*. Il existe même une zone à la pointe nord de la Transylvanie (le Maramureş) dont le matériau mélodique est tellement différent de celui du reste de la Transylvanie que c'est comme s'il était celui d'un peuple tout à fait éloigné. A cette pointe nord de la Transylvanie, les textes lyriques ne sont en fait

chantés que sur des mélodies au rythme de danse rigide qui ont le rythme « pointé » bien connu du matériau hongrois. (N.B. : Ces mélodies ne sont cependant jamais jouées pour la danse ! Cf. l'exemple suivant.)

[Trad. :]
Que je te dise, homme, ce que j'ai rêvé,
(bis)... *dans le tourment,*
J'ai rêvé à ton nouveau mouchoir,
qu'il était déchiré en deux.
(Suite du texte : *En rêve, je vois ton vieux mouchoir déchiré en sept. — Tu mens, femme, j'ai le mouchoir sur moi (en entier) ! Mais ton âme est déchirée, la tienne et celle de ta mère, parce que tu crains que je te laisse. Tu n'échapperas pas à ce que tu crains.*)

A côté des données géographiques, des motifs historiques plausibles qui n'ont pas encore été recherchés sont très probablement responsables de ce parcellement et de cette différence.

6. Un phénomène secondaire de cet isolement des zones dialectales particulières est le fait qu'une zone plus petite — prenons par exemple un village — est pauvre en mélodies. La moyenne pour chaque village (la grosseur du village n'y joue aucun

rôle) est d'environ quarante à cinquante mélodies (y compris les chansons de Noël, etc.). Le village voisin renferme presque le même matériau : pour obtenir à nouveau des mélodies inconnues, il faut déjà aller beaucoup plus loin, éventuellement dans une autre zone dialectale de musique. En d'autres termes : le domaine roumain est comparativement pauvre en mélodies dans le sens vertical, et riche dans le sens horizontal. Chez les peuples plus occidentaux, par exemple chez les Slovaques, c'est tout à fait le contraire : les villages renferment en leur sein des centaines de mélodies ; mais si l'on va dans un village distant d'une ou deux centaines de kilomètres, on y retrouve une grande partie des mêmes mélodies.

Toutes ces particularités différencient fortement le type de culture musicale des paysans roumains de toute culture de musique paysanne occidentale. On n'a pas encore recherché ou publié les résultats des investigations qui diraient s'il existe quelque chose de semblable à l'Est ou dans les autres pays balkaniques.

CE QU'ON APPELLE LE RYTHME BULGARE [1]

La musique européenne ancienne ne connaissait pas d'autre division de la mesure que celle par deux et trois, c'est-à-dire — transposées en valeurs actuelles — des mesures à 2/4 et 3/4 et leur doublement ou accélération par la mesure divisée en croches. Je ne me souviens pas de mesures avec une autre division, mais il est tout à fait possible qu'il en ait occasionnellement existé sous une forme voilée ; il est cependant assuré qu'aucune mesure, dans l'indication de mesure, ne joue le rôle des deux que j'ai citées. Le premier exemple de mesure à 5/4 se trouve à ma connaissance dans une œuvre de jeunesse de Chopin, le mouvement lent de la sonate n° 1 [2]. Ce type de mesure vraiment inhabituel à l'époque doit probablement être rapporté à l'influence de la musique populaire polonaise. Il faudrait donner ici comme exemple célèbre le mouvement à 5/4 de la « Pathétique » de Tchaïkovsky [3]. Wagner aussi emploie occasionnellement la division de la mesure en cinq temps, par exemple dans le troisième acte de « Tristan ». (Il est remarquable ici que la mesure à 5/4 provienne d'un thème à mesures symétriques qui le précède, en quoi le rythme d'une moitié de la mesure est développé pour augmenter la tension.) Ces mesures à cinq unités se déroulent encore relativement lentement, de sorte qu'il n'y a aucune difficulté particulière à les comprendre et à les jouer. Les unités de mesures se composent en grande partie de noires commodes.

Au début du XXe siècle, on découvrit peu à peu la musique populaire de l'Europe orientale. Celle-ci était riche de mélodies à mesures asymétriques, tant dans les mélodies populaires hongroises que dans les mélodies slovaques ou roumaines.

J'en présenterai deux exemples :

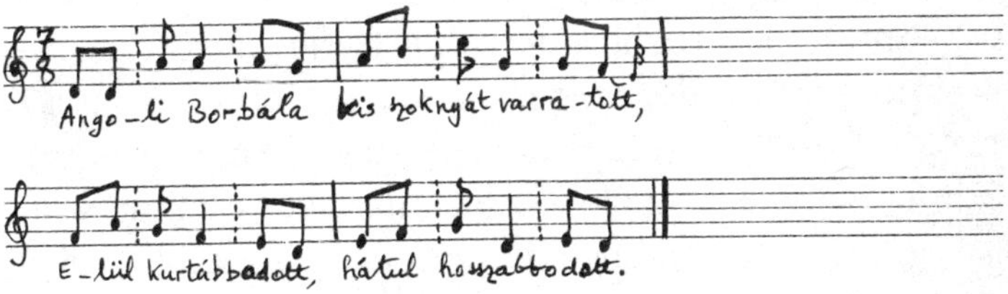

Chanson populaire hongroise de Vésztő, dans le comitat de Békés [4].

Chant de Noël roumain (colinda) provenant du comitat de Hunyad [5].

Dans les deux cas, on a le sentiment que la mesure à 7/8 provient d'une mesure normale de 3 fois 2/8 : dans le premier exemple, la quatrième croche est augmentée en une noire ; dans le second exemple, c'est la sixième. Les compositeurs réceptifs aux influences populaires, Stravinsky par exemple, ou des musiciens hongrois, utilisent de plus en plus souvent dans leurs œuvres des sortes de mesures d'un rythme semblable, au grand effroi des musiciens d'orchestre. Dans son ballet « Pétrouchka » et encore plus souvent dans « Le Sacre du printemps », Stravinsky utilise déjà des mesures vraiment brèves construites asymétriquement avec des unités de croches. Ici, l'unité de mesure ne se compose plus de noires, mais de croches assez rapides, environ deux cents ou deux cent cinquante à la minute. Les types de mesures très connus sont les 5/8, qui sont habituellement divisés en 3+2, plus rarement en 2+3 ; quant au 7/8, il se divise généralement en 4+3. Toutefois, des mesures à 8/8 et à 9/8, inhabituelles jusqu'à maintenant, peuvent apparaître. Les 8/8 se décomposent en 3+2+3, ce qui entraîne naturellement un rythme tout autre que le 4/4 à temps égaux. De même, la mesure à 9/8 décomposée en 4+2+3 diffère complètement de la division en trois fois trois dans la mesure [habituelle] à 9/8.

Il est tout à fait stupéfiant de voir comme les musiciens d'orchestre étaient embarrassés il n'y a pas encore si longtemps par des rythmes de ce genre. Ils s'étaient tellement habitués aux rythmes symétriques d'orgue de Barbarie qu'ils ne pouvaient carrément pas saisir ces rythmes inhabituels et pourtant si naturels. Une fois, j'ai fait un exposé à la radio de Francfort (c'était naturellement avant 1933, car depuis 1933 je n'ai plus eu d'invitation de la radio allemande [6]) et quelques membres de l'orchestre radiophonique, au demeurant très bon, entreprirent de jouer mes exemples musicaux. Ils avaient entre autres à jouer ce qui suit :

En 5/8. Brîul (Danse de la ceinture) d'Alibunár, dans le comitat de Torontál ; MM : la croche à 200.

Après plusieurs essais, ils ne furent pratiquement pas à même de jouer la mélodie a vista, ils essayaient toujours de transformer la mesure en 6/8. Quelques années plus tard, en révisant ma notation, j'ai remarqué que l'enregistrement avait alors été mal noté ; il devait exactement donner :

En 9/16 (2+2+2+3 doubles croches), pour deux violons ; MM : la double croche à 360.

Que se serait-il bien passé si je leur avais présenté la danse sous cette forme ?

Je viens de faire allusion au fait qu'il s'agit de rythmes naturels. Je veux dire par là que ce ne sont pas des compositeurs qui les ont inventés après s'être longtemps cassé la tête, mais que ces rythmes sont nés dans la musique villageoise, au cours d'une évolution tout à fait naturelle. Aussi ce type de rythme causa-t-il de grosses difficultés aux musiciens *cultivés* (mais pas aux paysans !). Cependant, les musicologues bulgares arrivèrent, et ils attirèrent l'attention sur une série de manifestations tout à fait stupéfiantes.

En 1913 parut dans le 27e volume des « Publications ethnographiques » de l'Académie bulgare des sciences une étude de Dobri Christov, « Bases rythmiques de la musique populaire bulgare », nantie d'exemples musicaux dont une partie présentait des mélodies en 5/16, en 7/16, en 8/16 divisés en trois, etc. Leur tempo était très rapide : leur moyenne était 350 à 400 pour la double croche (MM). A l'étranger, on ne prêta pas attention à cette publication, peut-être parce qu'elle n'avait paru qu'en bulgare, ou parce qu'on n'avait pas fait assez de propagande pour sa diffusion. En bref, elle resta inconnue aux musiciens et aux chercheurs occidentaux. Autant que je sache, des mélodies d'un rythme aussi spécifique et au tempo d'une rapidité jusque-là inhabituelle apparaissaient pour la première fois imprimées dans ce volume.

En 1927 toutefois parut un petit cahier de Vasil Stoïn intitulé « Éléments de métrique et rythmique de la musique populaire bulgare ». Il y publiait 187 exemples de mélodies provenant essentiellement de ses propres collections et disait entre autre ce qui suit à propos de ce qu'on appelle le rythme bulgare : « Le temps musical dans son décompte est toujours égal dans la musique (occidentale) », c'est-à-dire que les principales valeurs de la mesure, dans la musique occidentale, sont de durée égale à l'intérieur d'une même mesure. Par valeurs principales, il faut entendre ici des croches à 150 ou 200 battements (MM) environ. En outre, il ajoutait par analogie : « Dans presque la moitié des chansons populaires bulgares, les valeurs fondamentales des différentes mesures ne sont pas de longueur égale ; parfois, deux voire trois d'entre elles sont allongées de la moitié de leur valeur. » C'est ainsi que Stoïn définit ce qu'on appelle le rythme bulgare ; cette définition est tout à fait juste ; on doit seulement y ajouter qu'il s'agit de valeurs fondamentales vraiment brèves, de 150 à 200 battements (MM) environ.

On pourrait aussi définir le rythme bulgare autrement : dans ce rythme, la valeur du dénominateur de la fraction indiquant la mesure est extraordinairement petite, 300 à 400 battements (MM) environ, et ces valeurs fondamentales très petites n'y sont pas divisées, à l'intérieur des mesures, en valeurs de même grandeur, donc symétriquement.

Comme nous avons affaire à de si petites valeurs fondamentales, il est opportun de les appeler doubles croches, comme le font les Bulgares. Il serait toutefois également possible de les estimer comme des croches — ce n'est en fin de compte qu'une question formelle —, auquel cas elles auraient cependant une mesure (MM) de 300 à 400 battements environ.

Stoïn publia dans les deux volumes de sa collection plus de six mille mélodies ainsi qu'un tableau des différents types rythmiques. Il en ressort de quel type sont les rythmes bulgares apparaissant le plus souvent, notamment le 5/16 (2+3 ou 3+2), le 7/16 (2+2+3, c'est le rythme de la célèbre *ratchenitsa*) ; il y a encore seize autres types rythmiques plus rares, sans compter les formes rythmiques composites (c'est-à-dire changeant dans la mesure).

Quand, pour la première fois, je vis la notation de ces rythmes inhabituels, dans lesquels de si subtiles différences ont une importance décisive, je pus à peine m'imaginer qu'ils existassent vraiment.

Pourtant, il me semblait que j'étais déjà tombé sur des phénomènes semblables dans les mélodies valaques [7] de ma propre collection, seulement je n'avais simplement pas osé à l'époque — pour ainsi dire — en prendre note ! Parmi mes vieilles notations à partir de phonogrammes, il y avait des danses que j'avais tranquillement copiées en 4/4 par exemple, avec des notes égales, c'est-à-dire pas tout à fait si tranquillement, car j'avais ajouté cette remarque : « ... la fin du rythme allongée à la façon tsigane... » A un autre endroit, à propos d'une mélodie marquée 4/8, il y a la remarque : « Passage de 4/8 à 3/4 » puisque les troisième et quatrième croches étaient allongées.

Depuis, j'ai complètement révisé mes vieilles notations de phonogrammes : il en est ressorti qu'environ cinq pour cent des mélodies roumaines sont également comprises dans ce qu'on appelle le rythme bulgare, quoique celui-ci soit limité à certaines zones du pays (on le trouve en Maros-Torda, Torda-Aranyos, Bánát ; il est tout à fait inconnu dans le Bihar [8]). On le trouve surtout dans la musique de danse des comitats sus-nommés ; parmi les mélodies avec texte, il n'est connu jusqu'à maintenant que dans les colinde du comitat de Hunyad. La mesure de loin la plus répandue est 2+2+2+3 doubles croches.

Mais il ne suffisait pas que je découvre ce rythme-là finalement aussi dans les mélodies roumaines (Rendons grâce au phonographe !). Je m'aperçus aussi que dans une partie de ces mélodies le tempo était encore plus rapide : la valeur fondamentale, la double croche, avait environ 500, voire 600 battements (MM) environ. Je voudrais appeler ce rythme « hyperbulgare ».

Danse (« pe picioare [9] ») pour violon, de Pernyesd, comitat d'Arad ; la double croche à 650 ! Accompagnée par un autre joueur qui bat la mesure avec deux bâtons sur un violoncelle sans cordes.

Les publications bulgares n'ont rien à dire au sujet de ce type ; cela ne veut pourtant pas du tout signifier qu'il n'existe pas. Les chercheurs bulgares ont travaillé jusqu'à maintenant sans phonographe, ils ont seulement tout copié à l'oreille. Il est donc tout à fait possible qu'eux-mêmes n'aient pas perçu ces nuances rythmiques les plus subtiles parce qu'ils ne possédaient pas d'enregistrements qu'ils auraient pu jouer et étudier à mi-vitesse.

Danse « sur place » (« pe loc ») de Tolvádia, dans le comitat de Torontál.

Dans les notations hongroises, on ne trouve ce type de rythme *que de façon allusive ;* on ne peut rien déduire à priori de ces allusions. Nous ne connaissons que deux mélodies hongroises qui soient traversées de manière conséquente par ce genre de rythme ; l'une vient du comitat de Moldva et se trouve dans la collection de Péter Pál Domokós [10]. L'autre provient du comitat de Nyitra [11] et est présentée dans la collection de Vikár [12].

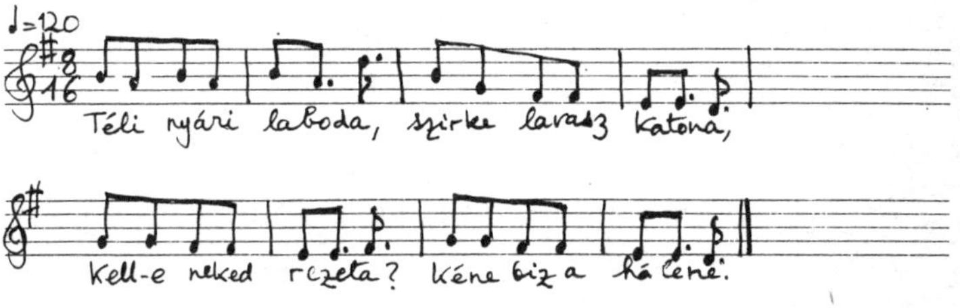

Chanson populaire des Hongrois de Moldavie, Trunk, comitat de Bákó [13].

De telles traces ne sont pas attestées dans les collections serbo-croates, mais cela ne veut pas dire non plus que ce rythme n'existe effectivement pas là-bas. Je crois qu'il doit aussi y être présent, mais qu'aucun chercheur serbo-croate ne l'a encore remarqué.

Un détail est cependant important : il existe manifestement chez une partie des peuples turks [14]. Ouspensky et Belaïev ont édité dans une publication de la musique populaire du Turkestan-

Turkménistan [15] ; de telles mélodies en mesure à 5/8 avec la croche à 300 battements (MM) environ y sont représentées en très grand nombre. J'ai moi-même trouvé de tels rythmes en Asie mineure, toutefois seulement dans de la musique de danse ou instrumentale qui n'est probablement pas d'origine turque, mais étrangère.

« Garip » d'Osmaniye, dans la région d'Adana. La mélodie est jouée sur une *zurna* (instrument ressemblant au hautbois), accompagnée par la timbale, *davul ;* dans la main droite, un bâton en forme de pilon, dans la main gauche une fine baguette.

Le rythme bulgare dans les mélodies roumaines devrait s'expliquer par des influences bulgares ; en revanche, pour les mélodies turkes et turkmènes, une telle explication est à peine concevable.

D'abord, nous n'avons que trop peu de matière se prêtant à la comparaison. On ne peut donc encore avancer aucune observation quant au fait que la Bulgarie serait la patrie d'origine de ces rythmes et qu'ils se seraient répandus à partir de là, ou qu'ils seraient partis ou partiraient du sol turc.

Actuellement, on sait seulement qu'il est en tout cas le mieux connu et le plus répandu en terre bulgare. Pour cette raison, et même s'il s'avérait peut-être un jour que la Bulgarie n'est pas sa patrie d'origine, nous pouvons cependant l'appeler rythme bulgare [16]. Nous devons quand même aux Bulgares de le connaître tout simplement. C'est le grand mérite des musicologues bulgares qu'ils aient après tout perçu ce phénomène et qu'ils l'aient tout à fait convenablement noté, malgré les moyens insuffisants. Par ailleurs, il est vrai que là-bas les propriétaires et les paysans sont plus proches les uns des autres que chez nous, par exemple, de sorte qu'il n'a pas dû être si difficile pour le musicien bulgare cultivé de reconnaître ce rythme avec lequel il avait grandi et dont il ne s'est jamais défait. Mais cette circonstance ne diminue pas le moins du monde l'importance énorme de cet exploit.

Il serait vraiment intéressant d'observer dans quelle mesure les rythmes bulgares proviennent de rythmes normaux et à la suite de quels processus psychiques ils se sont formés. Quand l'un de nos célèbres musiciens entendit pour la première fois des mélodies en rythme bulgare, il s'écria : « Ah, les Bulgares clopinent-ils donc tous pour avoir des mélodies avec de tels rythmes boiteux ? » La blague n'est pas méchante, mais elle ne suffirait pas non plus en tant qu'explication psychologique si par hasard la majorité des Bulgares boitait effectivement.

Auscultons le rythme de ratchenitsa : 2+2+3 doubles croches. L'auditeur superficiel l'interpréterait comme une mesure à 3/8 ou à 2/4. Si nous le faisons découler du 3/8, nous devons stipuler une augmentation de 1/16 ; si nous partons de 2/4, il faut tronquer 1/16. Je plaiderais plutôt pour l'augmentation, et il semble que les Bulgares — à ce qu'il ressort de leur définition du rythme — seraient entièrement de cet avis.

J'ai le sentiment que l'augmentation de valeur n'est rien d'autre que la projection de l'accent dynamique dans le temps. En effet, dans le rythme bulgare cette partie de la mesure qui a été allongée d'1/16 a l'effet d'un accent ou d'un substitut d'accent.

Nous ne pouvons évoquer cette question que d'une façon générale, car nous ne connaissons, par exemple, même pas la chorégraphie des danses en rythme bulgare ; nous ne savons pas non plus si les mouvements de danse sont exécutés d'après les temps forts de la mesure ou s'ils y sont opposés.

En ce qui concerne, pour finir, l'utilité pédagogique des rythmes bulgares, je crois qu'elle est au-dessus de tout soupçon. Au début des études musicales de tout un chacun, il serait souhaitable de jeter sur la table de tels problèmes rythmiques. Au départ, si la dextérité technique de l'élève est encore trop peu développée, on peut éventuellement ne le faire qu'en frappant dans les mains, en tambourinant ou en dirigeant. Plus tard, on pourrait jouer, mais de préférence chanter, des œuvres très simples avec ce type de rythme. Raina Katsarova, l'excellente ethnomusicologue bulgare, a publié un livre scolaire intitulé « Chansons de Noël ».

Nous y trouvons, à côté de mélodies normales au rythme « occidental », des mélodies en mesures à 5/16, 7/16 et 9/16. Naturellement, on ne peut pas compter d'après des valeurs en doubles croches si extraordinairement brèves ; il n'y a aucune langue dont les chiffres puissent être dits à un tempo si rapide. A leur place, on conseillera les syllabes « ti » et « ri » : pour une croche, on fera dire « tiri » à l'élève [17], et « tiriri » pour une croche pointée. Selon ma conception, les syllabes « m-ta » sont également appropriées. Mais le comptage peut aussi être remplacé par une certaine gestique. Je ne sais pas avec quel succès ce livre est utilisé dans les écoles bulgares. Toutefois, la situation là-bas est foncièrement plus favorable que chez nous, par exemple, parce que la majeure partie des élèves y ont ce rythme dans le sang.

Chanson de Noël bulgare et arrangement pour chœur d'enfants par Raina Katsarova [18].

Si les élèves en musique pouvaient déjà se familiariser avec ces rythmes dans leur enfance, il n'arriverait pas que la vue de ces formules rythmiques relativement des plus faciles stupéfient des musiciens d'orchestre cultivés, comme s'ils avaient affaire au moins aux caractères arabes.

Hors d'Europe

Ainsi qu'il nous le dit dans son Autobiographie, *Bartók avait conçu avant la Première Guerre mondiale un projet de voyages d'investigation ethnomusicologique. Si les conditions historiques et pécuniaires le lui avaient permis, il aurait parcouru plusieurs contrées d'Afrique et autant de régions d'Asie, particulièrement d'Extrême-Orient.*

Malheureusement, il ne lui a été donné qu'une seule fois de réaliser une partie de ce vaste projet : il partit en 1913 pour la région de Biskra, en Algérie. Les résultats [1] *de ces recherches n'ont pas été résumés dans un article, mais Bartók eut plus tard, en 1932, l'occasion renouvelée de respirer l'univers de la musique arabe. Il en profita alors pour écrire un bref article beaucoup moins analytique que ceux consacrés aux musiques paysannes roumaine et hongroise, mais qui montre à merveille ce qui l'attirait dans la musique populaire.*

*Un autre voyage, entrepris en Turquie en 1936 à l'invitation du parti unique du pays (*Halkevi, *le Foyer du Peuple), lui fournit l'occasion de faire une* conférence radiophonique assez longue et *d'un intérêt semblable. Bartók y révèle plus qu'ailleurs ses talents de conteur...*

COLLECTE DE CHANSONS POPULAIRES EN TURQUIE [1]

En premier lieu, vous devez savoir quelle partie du pays nous voulions étudier. Nous sommes allés en Anatolie méridionale, là où les Yürüks, une tribu nomade qui vit l'été dans les monts Taurus, ont leurs quartiers d'hiver, dans les zones de collines proches de la frontière syrienne. En fait, nous avons supposé qu'une tribu qui a conservé ses modes de vie archaïques avait probablement aussi conservé beaucoup de ses coutumes musicales. Le centre de cette province est la ville d'Adana, où nous avons travaillé avec force succès les deux premiers jours. On nous envoyait des chanteurs des villages d'alentour, un arrangement qui ne correspondait pas du tout à ma conception de la collecte du chant populaire. Je trouve qu'on doit en plus aller soi-même dans les villages et vivre parmi les paysans. Mais comme j'avais été malade la semaine précédente et que je devais encore me ménager, je ne pus pas le tenter au départ.

Le troisième jour, nous allâmes dans la petite ville côtière de Mersin, où nous ne pûmes faire que peu d'enregistrements. Le pays nous offrit suffisamment en compensation par son climat subtropical. Malgré le mois de novembre, le temps était merveilleusement doux. La température n'y descend jamais jusqu'au gel, et nous fîmes des promenades parmi les arbres en fleurs, les bananiers portant leurs fruits, les cannes à sucre, les poivriers et les dattiers.

Le quatrième jour, nous passâmes dans la région où les Yürüks vivent, à quatre-vingts kilomètres environ à l'est d'Adana ; d'abord dans un gros village qui s'appelait Osmaniye. Les habitants de cette localité et des villages voisins appartiennent à la tribu des Ulas qui, pour des raisons inconnues, se sédentarisa il y a quelques soixante-dix ans.

Vers quatorze heures, nous arrivâmes à Osmaniye et entrâmes vers seize heures dans la cour d'une maison paysanne. J'étais très heureux que nous commencions vraiment à recueillir de la musique paysanne ainsi que je me l'étais imaginé. Le maître de la maison, Ali Bekir oğlu Bekir, nous accueillit amicalement. Questionné sur son âge, il répondit fièrement qu'il pouvait encore bien manger ce que bon lui semblait, car malgré ses soixante-dix ans il n'avait toujours pas perdu une seule dent, et il pouvait encore gambader comme un lapin dans les montagnes. Nous parvînmes bientôt à lui faire avouer qu'il jouait lui-même d'un instrument, la kemençe, instrument à cordes de la forme d'un rébab. On le tient encore comme un violoncelle, bien qu'il ait plutôt l'air d'un violon et qu'il soit accordé comme ce dernier, sinon que la corde LA donne un ré.

Sans grande cérémonie, le vieux se mit à chanter dans la cour ; il s'agissait d'une épopée guerrière : « Kurt paşa çikti gozana/Akil yetmez bu düzene... [2] ». Je n'en croyais pas mes oreilles. C'était pourtant la variante d'une vieille mélodie hongroise ! Transporté de joie, je fis aussitôt deux enregistrements de la chanson du vieux Bekir.

Entre-temps, le soleil s'était couché et nous dûmes interrompre notre travail pendant que notre vieil ami et ses gens mangeaient. C'était justement le ramadan, le mois de jeûne ; durant toute cette période, il était strictement interdit aux croyants de manger de tout le jour. (Dans les termes du Coran : le jeûne du jour est terminé seulement lorsqu'on ne peut plus distinguer un bâton blanc d'un noir.) Dans cette contrée, la population est généralement religieuse, même les fonctionnaires des villages habillés de noir observent consciencieusement leur jeûne. Ainsi notre projet fût-il quelque peu troublé par le carême.

La seconde chanson nous offrit encore une fois la variante d'une mélodie hongroise. Ceci m'inquiétait presque. Par ailleurs, cette chanson fut chantée à l'intérieur de la maison, dans une salle où aucune femme ne devait pénétrer. Autour de nous étaient rassemblés les fils du vieux Bekir, Bekir et d'autres hommes qui nous régalèrent les uns après les autres de leurs chansons. Toute la soirée, nous travaillâmes à cœur joie. Certes, il fut impossible de faire venir une chanteuse, quels que fussent les efforts de mes accompagnateurs.

Le jour suivant devait nous mener à des tribus nomades éloignées, mais nous en fûmes empêchés par une pluie torrentielle imprévue. Comme la route était couverte d'une grosse épaisseur de boue, même la meilleure auto ne pouvait tenter le voyage.

Après avoir perdu suffisamment de temps, nous partîmes finalement dans la localité voisine de Çardak. Mais j'étais fermement décidé de ne continuer à travailler que si l'on nous envoyait une chanteuse.

A ma surprise, une femme se présenta bientôt, dont nous ne reçûmes en fait rien de valable. Elle chanta des chansons inintéressantes, de surcroît sans assurance et de façon hachée. Je ne les copiai même pas. Nous tentâmes ensuite notre chance avec un petit garçon et vers quatre heures j'étais heureux d'avoir enregistré quelques mélodies. Mais il semblait alors que nous fussions arrivés à un point mort. Nous emballâmes tristement nos appareils ; nous devions retourner à Osmaniye quand un homme s'adressa à nous : « Ces messieurs ne sont vraiment pas satisfaits de ce qu'ils ont trouvé ici ! » Nous répondîmes : « C'est exact ; nous n'avons pratiquement trouvé personne qui sache chanter. — Cela ne fait rien, dit l'homme, dont nous apprîmes plus tard qu'il était membre du parlement, je connais mes gens et je vous enverrai des montagnes de gens. Si vous voulez tous les écouter, vous aurez de quoi faire ! »

Il tint parole. Il convoqua une assemblée dans la classe d'école de la localité, chercha deux musiciens dans les environs, et le peuple commença à danser. Et comment il dansait ! La musique était unique, presque effrayante. L'un des musiciens jouait d'un instrument qu'ils appellent zurna, une sorte de hautbois au son tout à fait strident. L'autre avait un grand tambour, la davul, attaché autour du cou et qu'il frappait d'un bout de bois avec une terrible impétuosité. Même la flamme de notre lampe à huile, qui filait tranquillement, tressaillait à chaque coup. Et la danse ! Quatre hommes l'exécutaient, l'un d'eux comme « danseur solo », les trois autres l'aidant, étroitement enchaînés les uns aux autres et ne faisant que de rares mouvements. De temps en temps, les musiciens s'y associaient aussi par des pas et des mouvements d'accompagnement. Tout à coup, la musique se ralentit, la danse se calma et le chant éclata. Avec l'expression d'un abandon que je ne saurais décrire avec des mots, l'un des trois accompagnateurs [de la danse] avait commencé de chanter. Il débuta dans le registre de fausset le plus haut de sa voix de ténor et sombra peu à peu dans des sphères plus humaines tandis que la chanson s'approchait de sa fin. J'avais toute raison de rougir de l'état pitoyable et de l'insuffisance de mon appareil phonographique. Pour faire justice à cette scène incomparable dont nous fûmes les témoins, le meilleur appareil même aurait tout juste suffi. Un cameraman adroit aurait dû la filmer. Il y avait seulement quelque chose qui troublait cette scène unique : l'absence totale des vieux costumes nationaux ; tous portaient le vêtement hideux que les ouvriers d'usine mettent en Occident. Je ne sais vraiment pas comment ces habits affreux ont bien pu trouver le chemin des tribus nomades des Yürüks et de leurs descendants alors qu'il y a encore en Transylvanie et dans les pays balkaniques les plus pittoresques costumes nationaux.

Le jour suivant, nos projets furent annulés par une forte pluie. Après de longues discussions et un voyage en auto, bref mais plein d'aventure, nous arrivâmes au village de Toprakkale, louâmes une charrette et atteignîmes, par des routes qui n'étaient pas trop impraticables, un village de tentes où une tribu vivait dans des conditions tout à fait inchangées. Nous arrivâmes vers midi, mais nous remarquâmes aussitôt que ce n'était pas un terrain de travail pour nous. En fait, les hommes étaient partis, les femmes étaient à la maison, mais ne voulaient en aucune façon ouvrir la bouche sans l'autorisation de leurs maris.

Nous poursuivîmes donc jusqu'au camp suivant. Notre chemin croisait de grands et de petits cours d'eau, la route devenait toujours plus caillouteuse et, finalement, se termina même tout à fait, mais il fallait continuer par des collines rocheuses. Cette forme de voyage ne procurait guère de plaisir. Sans le souci de nos instruments, que nous tenions fermement sur nos genoux, cela aurait encore pu aller. Mais nous en eûmes finalement assez, nous poursuivîmes à pied en portant nos fragiles trésors sur le dos et dans les bras. Au crépuscule, nous atteignîmes enfin le camp d'hiver des Teçirlis, qui sont aussi une tribu nomade, qui ne passent pas l'hiver dans des tentes, mais dans des cabanes en torchis. Notre guide nous conduisit à la maison d'un homme qu'il connaissait, qui semblait avoir quelque influence sur les familles de sa tribu et qui nous reçut très amicalement. Bien éduqué et discret comme il l'était, il ne nous demanda pas d'abord le but de notre visite ni quels appareils bizarres nous traînions avec nous. Il voulut tout de suite nous faire tuer un mouton pour le repas, mais nous dîmes qu'une poule suffirait. Il nous invita dans sa maison, un local sentant le moisi et sans la moindre fenêtre. Il y avait des paillasses le long du mur, un foyer au milieu. Selon la coutume du pays, nous retirâmes nos chaussures et nous assîmes à la turque sur les paillasses tandis que notre hôte allumait le feu. Il n'y avait pas plus de cheminée que de fenêtre ; en l'espace de quelques minutes, la pièce fut pleine d'une fumée suffocante, et si la nuit précédente notre tympan avait dû supporter un gros assaut, c'était cette fois-ci les conjonctives. Varietas delectat [3] ! Et nous ne pouvions pas nous plaindre qu'elle manquât. Par bonheur, cela ne dura pas longtemps et le feu flamboya clairement tandis que la fumée alla chercher chemin à travers les murs lézardés.

La maison s'emplissait lentement de voisins avec lesquels nous nous entretînmes de la façon la plus amicale jusque vers sept heures. Selon toute apparence, notre guide n'avait pas encore indiqué ce qui nous avait amenés ici et j'étais sur les charbons. Finalement, j'entendis dire quelque chose comme « Türkü, türk halk müsiki [4] » et parler de chansons populaires. J'espérai que la glace se brisât bientôt et un garçon de quinze ans chanta effectivement sans crainte ni hésitation la première chanson. A nouveau, la mélodie sonnait tout à fait à la hongroise. Je préparai rapidement mes instruments éparpillés sur le sol et écrivis la chanson à la lueur du feu de bois. Bien, pensai-je, et maintenant au phonographe ! Mais ce n'était pas si simple. Mon bon chanteur craignait de perdre la voix en chantant dans cette machine qui était manifestement mue par le diable. Il pensait qu'elle ne ferait pas qu'enregistrer sa voix, mais la lui retirerait [5]. Il fallut un bon moment pour que je détruisisse ses scrupules. Nous travaillâmes alors sans arrêt et sans troubles, jusque vers minuit. Je considérai que le temps était venu de poser quelques questions épineuses, particulièrement au sujet des femmes : chantaient-elles d'autres chansons que les hommes ? — « Oh non, en aucun cas ! » La réponse était brève et précise. Mais elles connaissent quand même certainement aussi des chansons et nous aimerions également les entendre par des femmes. Quelque peu confus, ils nous informèrent que les femmes ne chantaient jamais en présence d'hommes, et même que le mari n'avait pas le droit de demander une chanson à sa femme. Je dus donc renoncer, car je ne pouvais pas m'arroger plus de droits que le mari. Le cœur gros, j'abandonnai tout espoir. C'était dommage, surtout en sachant que dans la même maison se trouvait plus d'une femme de notre hôte ! Alors que j'étais à nouveau à Ankara, je dis à mes mandants qu'il fallait entreprendre n'importe quoi à ce sujet ; soit qu'ils devaient envoyer des femmes pour recueillir les chansons, soit que les hommes en collecte devaient être accompagnés de femmes qui entendraient leurs semblables. C'est une situation impossible que de devoir noter des berceuses chantées par des voix masculines croassantes alors que les hommes ne bercent manifestement pas leurs bébés, que ce soit avec ou sans chansons !

Cette nuit chez les nomades de Teçirli constitua la conclusion de mon voyage. Mon intention avait été d'organiser mon voyage de telle sorte dans tous ses détails que je puisse laisser à mes mandants turcs un exemple de la technique de collecte qu'ils puissent suivre à l'avenir. Je dois ajouter que ce que j'ai atteint ne se trouvait pas au maximum de mes possibilités réelles. Déjà au départ, je n'étais malheureusement pas bien et ne pus pas quitter les villages trois jours durant. A cela s'ajouta le fait que nous ne pûmes pas obtenir des informations suffisantes en ce qui concerne les chansons que nous avons recueillies (quand, où, chantées par qui, enregistrées dans quelles conditions ?). Mais les renseignements qui nous furent donnés ne furent pas toujours concrets. Même les données que nous avions précisées se contredisaient parfois. Cela était à imputer en partie au manque de temps. Si nous avions voulu obtenir des données plus précises, il nous serait resté moins de temps pour la collecte proprement dite. Ensuite, j'étais naturellement très gêné dans mon travail par le fait de ne pas pouvoir parler avec les gens autrement que par le truchement d'un interprète [6]. Je ne pus même pas savoir si l'on chantait parfois à deux ou trois voix et, si oui, à quelles occasions. D'ailleurs, nous ne réussîmes jamais à entraîner un chant commun, pas même de gens du même village. Comme toutes mes vaines tentatives ont complètement manqué, cela doit signifier que le chant choral est inconnu des habitants de ce pays. Mais cette supposition aussi doit être acceptée avec prudence. Il est presque impensable que les Turcs ne chantent jamais ensemble et qu'ils ne forment jamais un chœur — même s'il est homophone. Le plus grand échec est que nous n'avons pas pu faire chanter de femmes. Mais je l'ai déjà dit. D'autre part, les textes n'ont pas toujours pu être écrits entièrement pendant l'exécution, de sorte qu'ils sont généralement limités à ce qui a été enregistré par le phonographe.

Malgré toutes ces insuffisances, je considère notre collection comme intéressante et de valeur, et je crois qu'elle contient quelques renseignements significatifs du point de vue scientifique. Le plus important d'entre eux est la découverte d'une structure mélodique au caractère tout à fait déterminé qui se révéla toujours dans la région que nous avons étudiée (environ quatre-vingts kilomètres de profondeur). Quelques vingt des quatre-vingt-dix chansons recueillies appartiennent à ce type. Dans son trait principal, cette mélodie montre une ressemblance surprenante avec la structure mélodique descendante de certaines chansons hongroises anciennes. La mélodie descend à partir de la note la plus haute et atteint vers la fin de la chanson sa note la plus basse, en quoi la différence entre les chansons hongroises et turques ne tient qu'au fait que la structure mélodique hongroise commence à l'octave tandis que la turque commence à la dixième. Dans les chansons turques, la note finale est également la plus basse, alors qu'à la fin des chansons hongroises la mélodie descend encore très souvent d'un ou deux degrés au-dessous de la note fondamentale. Les mélodies turques sont plus riches en ornements de motifs, qui diffèrent fréquemment des hongrois et qui ne sont pas pentatoniques, mais orientés vers le mode dorien. Il se peut malgré cela que l'échelle pentatonique soit l'origine des deux. Une conclusion négative est aussi très significative, à savoir le manque total d'influence arabe [7] (en dehors de quelques rares passages d'ornements).

Les 70 mélodies restantes que nous avons enregistrées ne peuvent pas être aussi facilement classées dans des groupes. Parmi elles, quelques-unes me paraissent appartenir à un certain groupe au centre de gravité rythmique variable, comme je le connaissais de mon matériau hongrois. Toutefois, je ne sais pas si ces changements ne sont pas à imputer à l'adaptation à différents textes ; pour en juger, il faudrait plus de matière à comparer.

MUSIQUE ARABE [1]

Il a été laissé la liberté à chaque participant au congrès de prendre part aux délibérations préparatoires d'une ou de plusieurs sections selon son propre choix. Ce choix ne constituait pour moi aucune difficulté, car une seule section entrait en ligne de compte, celle des affaires concernant les enregistrements, à laquelle je me joignis avec joie. Avec joie, dis-je, car la tâche de cette section n'était pas seulement de prodiguer des conseils à l'Institut de Musique Orientale à propos de la production d'enregistrements phonographiques ou sur gramophones et à propos de la fondation d'une phonothèque, mais surtout d'auditionner les musiciens arabes venus de toutes les parties arabes grâce à la sollicitude du gouvernement égyptien et de sélectionner, dans la musique exécutée, ce qui semblait le plus approprié aux enregistrements sur gramophone projetés et qui devaient être aussitôt effectués. Comme nous n'avions pas à nous occuper tellement de questions théoriques abstraites, mais presque exclusivement des types de musique arabes existant encore aujourd'hui, nous sommes entrés tout au long de notre travail dans un contact avec la vie arabe même qui était beaucoup plus étroit que celui accordé à nos collègues des autres sections. Il n'y a aucun miracle que nous ayons aussi été quelque peu enviés par eux.

Certes, cette vie musicale arabe connaît, aujourd'hui surtout, ses revers de médaille : la musique de « divertissement » européenne fait sentir ici aussi son effet ravageur avec toujours plus de force. Par exemple, lorsqu'on nous débita de plates imitations de valses et de galops par un ensemble de musiciens citadins de Syrie (c'étaient des compositions calligraphiées du premier violoniste), nous fûmes rien moins que ravis et manifestâmes également à l'unanimité notre désapprobation.

La musique arabe citadine en général se trouve bien loin en retrait — selon mon sentiment — de la musique villageoise pour ce qui est globalement de la fraîcheur et de l'originalité (j'ai déjà eu le même sentiment il y a dix-neuf ans lors d'un voyage d'étude en Algérie), car la première est assez souvent sèche et artificielle, tandis que la musique villageoise produit une expression beaucoup plus spontanée et vivante par tout son caractère primitif. Cet effet de contraste était franchement frappant quand les ensembles citadins nous régalaient, à notre demande, de quelque musique villageoise après de nombreuses pièces de type citadin : c'était comme si une salle close jusque-là avait soudainement été traversée par une bouffée d'air frais.

Mais comme partout, il y a ici encore des exceptions. Ainsi par exemple, la musique des gens d'Irak (qu'on prétendait être des musiciens citadins) n'était pas le moins du monde en retrait de la plus intéressante musique villageoise en ce qui concerne la fraîcheur et le caractère primitif. Eh oui : la virtuosité et l'expression dramatique des exécutants fit de leurs prestations l'un des sommets de ces exhibitions musicales. En fait, je dois l'avouer, la musique des Irakiens ne m'a pas touché comme de la musique citadine ; au contraire, elle me rappelait fortement d'autres musiques villageoises, précisément d'une part les mélodies dumy [2] des Ukrainiens que j'ai eu l'occasion d'étudier intensément, chez les Roumains du Maramureş [3]. L'Ukraine — l'Irak — Djelfa : ce sont les pointes d'un triangle dont chacune est à plusieurs milliers de kilomètres des deux autres. Nous supposons ici une remarquable chaîne d'influences traversant déserts, mer et hautes montagnes. Malheureusement, nous ne connaissons que les premiers anneaux des chaînes ; il serait cependant très important de rechercher et de connaître aussi leurs membres intermédiaires.

Aussi généreux et prévoyant qu'ait été le comité d'organisation pour faire venir tous ces musiciens arabes citadins, je ne me suis toutefois pas senti entièrement satisfait au début : la musique villageoise me manquait. Pourtant, même si ce fut tardivement et en moindre quantité, nous en eûmes également dans les derniers jours des délibérations préparatoires. Parmi les dernières exhibitions, la couronne va assurément à une sorte de cérémonie dont nous délectèrent des gens appartenant à la classe la plus basse de la population du Caire. Le but de cette cérémonie était la libération de personnes qui étaient possédées par de mauvais esprits ; son contenu musical était de huit à dix mélodies avec accompagnement de percussion. C'était enfin véritablement de la « musique villageoise », tant par le contenu que par l'exécution très caractéristique. Il est vrai que l'exécution, parfois sauvage jusqu'à la frénésie, était liée à un tambourinement, à des mugissements et à des hurlements — qui, toutefois, n'étaient originellement pas du tout prévus pour une salle exiguë —, de sorte que maint auditeur, surtout parmi les membres des autres sections, qui avait été attiré par la curieuse pièce se bouchait les oreilles avec horreur. On doit cependant pouvoir distinguer dans de telles productions ce qui est accessoire et extérieur (dans le cas présent, le dynamisme exagérément fort) de ce qui est essentiel (ici, la forme, d'une simplicité fascinante et pourtant très expressive, des mélodies et de leur exécution) afin de vraiment les apprécier. On excusera alors le bruit démesuré : c'est qu'il ne s'agit pas, en fin de compte, d'une sérénade, mais bien d'une cérémonie d'exorcisme par laquelle on doit conduire les participants passifs à l'extase pour les rendre sains.

Que cette musique à caractère authentiquement villageois ait justement été produite par des habitants de grande ville semble aller à l'encontre de la dénomination de musique villageoise. Il faudrait effectivement considérer quelle serait la dénomination la plus adéquate pour cette musique populaire qui se trouve traditionnellement dans la couche la plus simple de la population comme l'expression spontanée de ses émotions musicales.

Notes

Préface

1. Qui m'a prié de taire son nom pour le moment.
2. *Igen :* oui — *Nem :* non.
3. Poète roumain contemporain de Bartók, 1895-1961.
4. Bartók utilise très rarement les notes en bas de page. Elles sont toujours distinguées des miennes par la typographie (italiques).

PREMIÈRE PARTIE

Autobiographie

1. *Selbstbiographie,* in *Musikblätter des Anbruch,* 1921/5, p. 87-90. A la fin du cinquième paragraphe, il a été tenu compte d'une modification apportée par Bartók dans le numéro 1921/7, p. 142, de la même revue. Le texte original était : « Je découvris en lui un plus grand génie encore que chez Wagner et Strauss. »

2. La ville s'appelle en roumain Sînnicolau Mare et se trouve à quelque cinquante kilomètres à l'ouest d'Arad et de Timişoara. A la fin du XIXe siècle, on y trouvait quatre communautés : une roumaine, une serbe, une allemande (Paula Voit, la mère de Bartók, est allemande de nom, mais elle naquit en Slovaquie !) et une hongroise (à laquelle appartient le père de Bartók, Béla senior).

3. Aujourd'hui Vinogradov, en Union soviétique. Cette ville ne fut slovaque que de 1919 à 1945. Elle était habitée en majorité par des Hongrois, mais on y rencontrait aussi des Slovaques, des Ruthènes et des Roumains.

4. En roumain : Bistriţa ; en hongrois : Beszterce. Comme toutes les cités de Transylvanie, Bistritz abritait surtout des Hongrois et des Roumains, mais aussi quelques Allemands (ou Austro-Allemands).

5. En slovaque : Bratislava ; en hongrois : Pozsony. A l'époque, on y rencontrait autant de Hongrois et d'Austro-Allemands que de Slovaques.

6. Ernő Dohnányi (1877-1960), pianiste, compositeur et chef d'orchestre hongrois, était un ami de jeunesse de Bartók. Son *Quintette avec piano* en ut mineur (op. 1) reçut l'approbation de Brahms, dont il héritait le style. Cf. Bálint Vázsonyi, *Dohnányi Ernő*, Budapest 1971. Enregistrements historiques : *Dohnányi at the piano*, Hungaroton LPX 12085-86.

7. I. Thomán (1862-1940), pianiste et pédagogue qui fut l'un des derniers élèves et amis de F. Liszt. Il fut aussi le professeur de Dohnányi. Bartók lui garda toujours beaucoup de gratitude.

8. Johann Koessler (1853-1926), professeur à Budapest depuis 1883, représentait l'esthétique brahmsienne dans la capitale hongroise et était fort peu averti des problèmes spécifiques de la musique magyare.

9. Cf. *infra*, *Liszt et le public d'aujourd'hui.*

10. *Ainsi parla Zarathoustra* de Richard Strauss (1896).

11. Lajos Kossuth (1802-1894) fut le chef du soulèvement anti-habsbourgeois de 1848-1849 en Hongrie. Cf. *infra*, *Kossuth, poème symphonique*.

12. La sonate fut jouée d'abord à Budapest le 8 juin 1903, puis à Vienne le 3 février 1904. Le quintette fut créé le 21 novembre 1904.

13. Cette année-là, il avait lieu à Paris. On préféra Wilhelm Backhaus à Bartók pour le piano et on ne décerna pas de prix de composition. Cf. *infra*, lettre à Irmy Jurkovics.

14. Célèbre compositeur et ethnomusicologue hongrois (1882-1967) qui ne se lia d'amitié avec Bartók que le 18 mars 1905, alors qu'ils avaient fréquenté l'Académie de musique pendant les mêmes années. Leur relation jouera un grand rôle dans l'évolution ultérieure de Bartók et se substituera (surtout esthétiquement) à celle de Dohnányi. Cf. Percy M. Young, *Zoltán Kodály*, Londres 1962. Enregistrements historiques : *Vezényel Kodály Zoltán* [Zoltán Kodály dirige (ses propres œuvres)], Hungaroton HLX 90053-55.

15. La superposition des zones linguistiques en Europe centrale et orientale rend impossible tout projet de dessiner des frontières à partir de critères géolinguistiques. Après la Première Guerre mondiale, l'hégémonie austro-hongroise fut brisée et Bartók, conscient du problème posé et partisan d'une confédération des peuples de la vallée du Danube et des Carpathes (cf. *infra*, lettre à O. Beu), évita d'employer le terme « Hongrie » pour désigner ce que les Hongrois appellent pourtant toujours « la Grande Hongrie » (soit : l'actuel territoire national, plus la Transylvanie, le Banat, le nord de la Croatie-Slovénie, le Burgenland autrichien, une bonne moitié de la Slovaquie et un petit coin de la République socialiste soviétique d'Ukraine).

16. Toutes les précisions souhaitables à ce sujet seront fournies par Bartók dans les articles qui composent la troisième partie du présent recueil.

17. En remplacement d'I. Thomán. Sur la pédagogie de Bartók, cf. Júlia Székely, *Bartók tanár úr* [M. le professeur Bartók], Budapest 1978.

18. *Seconde suite* pour orchestre, composée à la fin de 1905 (les trois premiers mouvements) et au printemps 1907 (le dernier mouvement).

19. En hongrois : *Új Magyar Zeneegyesület* (UMZE).

20. *A fából faragott királyfi*, composé en 1914-1917.

21. Quand Bartók lui présenta sa partition, Tango (1873-1951), qui dirigea l'opéra de Budapest de 1912 à 1919, s'exclama en allemand avec son accent italien : « Je serai complètement malade pendant une semaine à l'étudier ! » Il demanda une trentaine de répétitions ; cette attitude sérieuse plut beaucoup à Bartók.

22. *A kékszakállú herceg vára*, composé en 1911.

23. Bartók fait allusion à la « valse des pouvoirs », de l'impuissant gouvernement républicain de Mihály Károlyi (de l'automne 1918 à la fin de l'hiver suivant) à la dictature prolétarienne de Béla Kun (de mars à juin 1919), et de l'anarchie contre-révolutionnaire et antisémite au rétablissement d'un pouvoir d'essence monarchique avec le régent Miklós Horthy (début 1920).

24. Cette *Autobiographie* s'achève aux quarante ans de Bartók. Pour les vingt-quatre années ultérieures, on pourra se référer à la chronologie placée en fin de volume.

Personnalité

1. 1888-1956, violoniste hongroise (mariée en 1920 à l'organisateur de concert de Zurich Walter Schulthess). Le premier concerto de violon (1907-1908) lui était destiné (le premier mouvement devint la matière des *Deux Portraits*, 1910). Les lettres évoquées ici sont datées des 6 et 7 septembre 1907.

2. Minorité de langue hongroise en Transylvanie. Les Sicules ont le mieux conservé les anciennes traditions magyares. Bartók et Kodály (cf. l'opéra de ce dernier cité *infra* dans la lettre à la Société Kisfaludy) furent fascinés par la richesse folklorique et morale de ce « petit peuple ».

3. Certaines de ces informations sont dues à M. Jean Gergely (Paris).

Lettre à Irmy Jurkovics

1. Original en hongrois. — I. Jurkovics (1882-1945) habitait la ville natale de Bartók et appartenait à ses admiratrices depuis le concert du 13 avril 1903 à Nagyszentmiklós. La troisième des *Quatre Pièces pour piano* lui est dédiée, conjointement à sa sœur Emsy. Date du cachet postal : 23 août 1905.

2. Wilhelm Backhaus (1884-1969), originaire de Leipzig, devint professeur à l'École royale de musique de Manchester aussitôt après le concours Rubinstein.

3. « Parc urbain », sur la rive de Pest (moitié est de Buda-Pest).

4. La statue de Chopin n'a été installée qu'un an après cette lettre.

5. Deux journaux de Budapest (« Journal de Pest », « Le Jour »).

6. En français dans le texte.

7. Dernière partie du poème symphonique *Kossuth* (cf. *infra*), transcrite pour piano. (Cf. Catalogue, 75 *a*.)

8. Cette feuille est perdue.

9. Sur cette question, cf. Denijs Dille : *Bartók, lecteur de Nietzsche et de La Rochefoucauld*, in *Studia Musicologica* 1968/10.

Lettre à sa mère

1. Paula Voit (1857-1939). Original en hongrois.

2. Elza Bartók (1885-1955), sœur de Bartók, qui venait de se marier l'année précédente.

3. Lajos Dietl, professeur de piano au Conservatoire de Vienne et membre du jury au concours Rubinstein en 1905. Il fut le compagnon de Bartók pour la visite de Paris.

4. Richard Mandl, un autre musicien viennois. D'après une lettre du 8 août 1905, il essayait de trouver à Vienne des élèves pour Bartók.

5. Emma Gruber (née Schlesinger-Sándor, 1863-1958), épouse de Kodály à partir de 1910.

Lettre à Frederick Delius

1. Compositeur anglais (1862-1934), d'origine norvégienne, vivant à Paris depuis 1888, et auquel Bartók écrit en allemand !

2. *Suite n° 1, Op. 3* (1905).

3. Fin mai 1910.

4. Bartók entreprendra le voyage de Norvège pendant l'été 1912.

Lettre ouverte à la Société Kisfaludy

1. Original en hongrois, publié le 3 janvier 1936 par le journal social-démocrate *Népszava* (La Voix du Peuple). La Société Kisfaludy, du nom du poète hongrois, était une très importante académie littéraire conservatrice fondée en 1836 qui décernait tous les cinq ans un prix de composition musicale (sur le rapport de Viktor Papp).

2. Le premier mars, avec l'Orchestre de l'Académie de Musique de Budapest.

3. *Székely fonó,* opéra de Kodály (1924-1932).

4. Également de Kodály (1933).

Lettre à Annie Müller-Widmann

1. Professeur de musique à Bâle (1893-1964). Sur les rapports de Bartók avec la Suisse, cf. Werner Fuchss, *Béla Bartók et la Suisse*, Lausanne 1975.

2. BWV. 1055.

3. K. 459 (1784).

4. K. 365 (1779), en mi bémol majeur.

5. En français dans le texte.

6. « Cela doit-il être ? — Cela doit être ! » Cette « décision prise avec peine » (Beethoven) se trouve au-dessus du thème du seizième quatuor en fa majeur (Op. 135) de Beethoven (cf. aussi le canon « Es muss sein », WoO. 196).

Lettres à Wilhelmine Creel

1. Élève de Bartók (piano) au cours de l'année 1936-1937 à Budapest. Orientaliste, elle résida à Pékin de 1932 à 1936 et à Tokyo de 1937 à 1940, où elle joua pour la première fois au Japon des œuvres de piano de Bartók. A l'époque des lettres publiées, elle enseignait à l'Université G.-Washington à Seattle. Les deux originaux sont en anglais ; la seconde lettre est publiée pour la première fois en intégralité.

2. Degrés Fahrenheit, bien sûr, soit 37,7 ° C.

3. *American Society of Composers, Authors & Publishers* (Société américaine des auteurs, compositeurs et éditeurs).

4. Il s'agit du *Concerto pour orchestre* ; cf. *infra*.

5. Il s'agit du *Concerto de violon* composé en 1937-1938 (de fait le second) et dédié à Zoltán Székely. L'exécution de Carnegie Hall, le 17 octobre 1943, était due au violoniste Tossy Spivakovsky et à la baguette d'Arthur Rodzinski.

6. BWV. 1005 (1720).

7. En français dans le texte (cf. *supra*, lettre à I. Jurkovics). — A cette époque, Menuhin commandite à Bartók une sonate pour violon seul, qui sera terminée en 1945. Étant donné le caractère exceptionnel des propos du compositeur sur l'interprète, les enregistrements de celui-ci acquièrent une valeur de référence :
— *Second concerto de violon :* Orchestre Philharmonia sous la direction de W. Furtwängler (1951), EMI C 053-01.322.
— Les deux *Rhapsodies pour violon et orchestre :* Orchestre de la BBC sous la direction de P. Boulez, EMI C 069-01.855.
— *Sonate pour violon seul :* C 069-02.874.

8. Il s'agit de la préparation de l'édition d'une collection de soixante-seize chansons populaires yougoslaves qui ne parut qu'après la mort de Bartók sous le titre *Serbo-Croatian Folk Songs*, New York 1951.

9. Ditta Pásztory (née en 1903), seconde épouse de Bartók depuis 1923. De ce mariage naîtra (1924) le second fils du compositeur, Péter.

10. Béla Bartók (dit junior, né en 1910), fils du premier mariage du compositeur (avec Márta Ziegler, cf. *infra*, lettre placée au début de la seconde partie).

MUSIQUE

1. Il ne manque ici qu'un texte peu important sur la *Rhapsodie Op. 1* (cf. : *Schweizerische Musikzeitung und Sängerblatt*, 1910/8) et les deux analyses non rédigées (plans) du *Quatrième quatuor à cordes* et de la *Musique pour instruments à cordes, percussion et célesta*, toutes les deux publiées en français dans leurs éditions de poche (*Wiener Philharmonia*, numéros 166 et 201).

Lettre à Octavian Beu

1. Diplomate roumain (1893-1964) qui avait préparé une longue communication radiophonique sur les œuvres d'inspiration roumaine de Bartók. Il demanda son avis au compositeur. Seul le fragment cité ici possède un intérêt général. L'original est en allemand.

2. « Le compositeur roumain » (en roumain) : Bartók répond donc ici à la question nationale, si cruciale dans cette partie de l'Europe.

3. Cf. *Autobiographie* (texte et note 15).

4. *Scotus Viator :* Le Voyageur Écossais, pseudonyme du journaliste britannique R.W. Seaton-Watson, défenseur des minorités roumaine et slovaque contre le centralisme hongrois et partisan de la fondation de la Tchécoslovaquie et de la Roumanie (avec la Transylvanie, revendiquée à la

fois par l'ancien État roumain et les Hongrois) après la Première Guerre mondiale. L'attaque évoquée par Bartók remonte au 27 février 1913 (critique des *Deux portraits* par Emil Haraszti, *Budapesti Hírlap*) !

5. En français dans le texte.

Lettre à Edwin von der Null

1. Ce musicologue allemand (1905-1945) publia en 1930 une excellente monographie sur l'art de Bartók : *Béla Bartók. Ein Beitrag zur Morphologie der neuen Musik* [Béla Bartók, une contribution à la morphologie de la nouvelle musique], Halle. L'extrait de lettre est tiré de ce livre. L'original est en allemand.

2. Le premier, composé en 1926.

3. *Kilenc kis zongoradarab* (1926).

Lettre à Ernst Latzko

1. De 1913 à 1927, E. Latzko fut le directeur du Théâtre national de Weimar. La représentation des deux œuvres citées dans cette lettre (*A kékszakállú herceg vára* — Le Château de Barbe-Bleue — et *A fából faragott királyfi* — Le Prince de bois).

2. Les notions de *parlando-rubato* et de *tempo giusto* seront définies dans les essais sur les musiques populaires roumaine et hongroise (cf. *infra*).

3. Le 13 mai 1922 (sous la direction de Jenő Szenkár). Le rôle-titre était tenu par Robert von Scheidt et la chorégraphie était due à Ilse Petersen.

4. Il va de soi qu'il s'agit là d'une nouvelle conception de la tonalité, ainsi que cela est expliqué dans l'*Autobiographie* (cf. *supra*) et dans *Le Problème de la nouvelle musique* (cf. *infra*).

Analyse du Deuxième concerto de piano

1. Publié en français dans la revue *La Radio* de Lausanne, 1939/12, p. 280 et 282, à l'occasion de l'exécution de l'œuvre à Lausanne par le compositeur et l'orchestre de la Suisse romande sous la direction d'Ernest Ansermet. Le titre de l'article, *Bela Bartok à l'Orchestre de la Suisse romande — Analyse du « Deuxième Concerto » pour piano et orchestre, de Bela Bartok, par son auteur*, n'est pas dû au musicien.

2. Expression germanique pour dire que la seconde partie du mouvement progresse comme un crabe.

3. Respectivement composés en 1928 et 1934.

4. Le concert de Lausanne eut lieu le 22 février 1939.

Sonate pour deux pianos et percussion

1. Composée en 1937. L'article, rédigé en allemand, fut publié le 13 janvier 1938 par le journal bâlois *Nationalzeitung*.

2. *Internationale Gesellschaft für neue Musik* (Société internationale pour la nouvelle musique), dont la section de Bâle était dirigée par Paul Sacher, qui commandita aussi la *Musique pour instruments à cordes, percussion et célesta* et le *Divertimento pour cordes*.

3. Bartók oublie un huitième instrument, le triangle.

Concerto pour orchestre

1. Composé en 1943 (cf. *infra*, lettre à Wilhelmine Creel). Ce texte est cité dans le programme de concert de l'Orchestre Symphonique de Boston, *Bulletin of the Boston Symphony Orchestra*, 1-2 décembre 1944 (dates des deux premières exécutions sous la baguette de Serge Koussevitsky), p. 442 et 444.
2. John N. Burk, l'auteur de la notice de programme, fait remarquer que cette indication de Bartók est très importante, dans la mesure où le compositeur venait juste de se remettre « d'une sérieuse maladie » (cf. la première lettre à W. Creel, *infra*).

Kossuth, poème symphonique

1. Original en hongrois : *Kossuth, Szimfóniai költemény, Írta Bartók Béla*, in *Zeneközlöny* 1904/4, p. 82-86.
2. Ce paragraphe est tiré du programme du concert du 18 février 1904 à Manchester (cf. *supra, Autobiographie*), *Hallé Concert Society*, p. 506-511. Le texte hongrois est beaucoup moins précis à cet endroit : « Les événements de 1848 servent de base au programme de cette œuvre musicale. »
3. Les thèmes indiqués en chiffres arabes représentent en fait les motifs marqués à l'intérieur des différents exemples musicaux, numérotés en chiffres romains.
4. Citation de la trilogie *Toldi* de János Arany (poète hongrois, 1817-1882).
5. L'hymne impérial autrichien fut jusqu'en 1918 le chant composé en 1797 par J. Haydn (il est devenu depuis l'hymne allemand, sur deux textes différents ; quant à l'hymne autrichien actuel, il utilise la dernière mélodie supposée de Mozart, K. 623a). Voici, pour comparaison, le début des hymnes autrichien (ancien) et hongrois (Erkel, 1848), tels que Bartók a dû les connaître et les chanter :

Lors des répétitions du poème symphonique à Budapest en 1904, un musicien autrichien refusa de continuer sa partie, irrité par la caricature de son hymne national. Un scandale s'ensuivit.

6. Citation d'un poème, *Est* (Le Soir), de Kálmán Harsányi (1829-1876) que Bartók a mis deux fois en musique l'année même de la composition de *Kossuth*.

DEUXIÈME PARTIE

LA MUSIQUE D'AUJOURD'HUI

Lettre à Márta et Herma Ziegler

1. Écrite à Darázs (Dražovce, Slovaquie) le 3 février 1909. La seconde moitié de cette lettre se trouve au début de la troisième partie du présent volume. Márta Ziegler (1893-1967), première femme de Bartók (de 1909 à 1923), sœur cadette de Herma et mère de Béla Bartók junior.

2. Le 16 janvier avait paru dans la revue *Nyugat* (L'Ouest) une critique favorable de Géza Csáth, à propos des *Quatorze bagatelles* (Op. 6), où il affirmait qu' « en Hongrie, on réprimande et se moque depuis toujours de celui qui ne répète pas ses prédécesseurs, mais qui poursuit leur œuvre ». Suivit une pénible polémique où Bartók fut violemment pris à partie.

3. Cf. *infra, Liszt et le public d'aujourd'hui.*

4. Cf. *infra,* Le rôle de la musique française...

Le rôle du piano dans la musique contemporaine

1. Publié en allemand (sans titre) in *Musikblätter des Anbruch* 1927/8-9, p. 390. Ce texte particulièrement laconique répond en quatre phrases à quatre questions posées par la revue viennoise. Il fait quelque peu penser à l'anecdote citée au tout début du présent volume (Préface). A propos de cette dernière, il convient de faire les observations suivantes :

a) Il est peu probable que Kodály, moins loquace encore que son ami, ait conseillé de téléphoner à Bartók. Il s'agit donc ici d'une audace (sur le moment) ou d'une mystification (par la suite)...

b) Bartók était toujours bref et tranchant, mais aussi toujours très courtois. A moins que d'avoir senti l'imposture, il n'a probablement pas raccroché sans explication, succincte bien sûr.

c) Même s'il y a mystification dans certains aspects secondaires, le fond de cette anecdote reste sans doute véridique et révélateur.

L'orientation technique, esthétique et spirituelle de la musique contemporaine

1. Publié en français sous le titre *Opinion de M. Belá Bartók (Varsovie)*, in *Revue internationale de musique* 1938/4, p. 152s. On observera encore le laconisme de Bartók, alors que la rédaction de la revue bruxelloise lui avait demandé de répondre à ses questions « de façon aussi précise que possible » !

2. La question était : « Quel est en résumé, selon vous, l'état actuel de la musique (le point de son évolution technique, l'aspect spirituel et esthétique) ? »

3. Question : « Vers quoi, selon vous, s'oriente, dans sa généralité, le mouvement musical contemporain (technique, esthétique, etc.) ? Est-il, selon vous, dans le désarroi, ou s'oriente-t-il vers un équilibre dès à présent perceptible ? »

4. Question : « Quels sont, dans le monde moderne, les facteurs adverses de la haute musique ? Par quelle action et par quels moyens, selon vous, neutraliser et surclasser les facteurs adverses et préparer une efflorescence de la vraie musique ? (aspect " créateurs " et aspect " auditeurs "). »

5. Question : « Croyez-vous à un certain retour, sinon au romantisme, du moins à un influx spirituel et lyrique plus sensible ? Pensez-vous qu'il soit opportun, en tout cas, de réviser la condamnation " en bloc " du romantisme, et d'opérer certaines distinctions à cet égard ? »

Composition et esthétique

Le problème de la nouvelle musique

1. Publié en allemand sous le titre *Das Problem der neuen Musik* in *Melos* 1920/5, p. 107-110. Pour apprécier ce texte à sa juste valeur, il convient de se rappeler qu'il a été écrit deux ans avant que Schœnberg révèle pour la première fois sa théorie de la composition à douze sons. On observera alors avec H.H. Stuckenschmidt (*Schönberg,* Monaco 1956 [Zurich 1951]) que « des systèmes analogues à celui de Schönberg furent également découverts par d'autres compositeurs, soit avant, soit après, soit à la même époque [...]. Mais les conclusions qu'en a tirées Schönberg sur le plan de la technique compositionnelle sont non seulement plus complexes, mais surtout plus poussées que celles des autres pionniers du dodécaphonisme ». D'autre part, il serait faux de considérer l'exposé de Bartók comme une théorie de composition : ce qu'il recherchait était la liberté, pas un « système ».

2. Arnold Schönberg, *Harmonielehre,* Vienne 1911.

3. « Les Adversaires » dans « La Vie d'un héros » de Richard Strauss (1897/98).

4. Cf. Ferruccio Busoni, *Entwurf einer neuen Ästhetik der Tonkunst* [Esquisse d'une nouvelle esthétique de l'art musical], Leipzig 1907.

5. C'est maintenant chose faite, au moins dans la musique électronique. Mais les micro-intervalles ont connu auparavant une lente progression avec le plaidoyer d'Alois Hába (*Neue Harmonielehre* [Nouveau traité d'harmonie], Leipzig 1927) et, surtout, la *Troisième sonate* pour piano et violon (Op. 25, 1926) de Georges Enesco (né, comme Bartók, en 1881, décédé en 1955), inspirée par le chant populaire. Lors de la composition de sa *Sonate pour violon seul* (en 1944), Bartók utilisa aussi les micro-intervalles, mais il écrivit en même temps la version hémitonique, seule retenue dans l'édition Menuhin (dernier mouvement.)

6. Il s'agit des soupapes actionnées par des clefs, comme sur les flûtes traversières et les autres instruments de la famille des bois.

7. Comme les violons (et leur famille).

8. L'année même où Bartók publiait cette conclusion, Joseph Matthias Hauer proposait une nouvelle notation (*Vom Wesen des Musikalischen* [De l'essence du musical], Leipzig-Vienne 1920). De nombreux projets suivirent (Eimert, 1924 ; Wirtz, 1946 ; Equiton, vers 1950 ; et même un système de tablature pour clavier appelé *Klavarscribo,* années 1950), mais aucun ne réussit à s'imposer : la facilité de lecture du système classique était trop remise en cause !

De l'influence de la musique paysanne sur la musique savante d'aujourd'hui

1. Publié en allemand dans la revue *Melos* 1920/17, p. 384-386, et 1930/2, p. 66-67, sous le titre *Vom Einfluss der Bauernmusik auf die heutige Kunstmusik.*

2. « Ah, cher Augustin », rengaine viennoise de la seconde moitié du XIXe siècle.

3. Dont Bartók a découvert l'origine tchèque. Mais il y a bien d'autres aspects de thématique populaire chez Beethoven ; cf. Ernst Hermann Meyer, *Aufsätze über Musik* [Essais sur la Musique], Berlin 1957.

4. En français dans le texte.

5. Soit : *L'Oiseau de feu,* 1910, *Pétrouchka,* 1911, *Le Sacre du printemps,* 1912-13, *Pribaoutki,* 1914, *Les Noces,* 1917, *Quatre Chants russes,* 1919. Au vu d'une lettre de Bartók datée du 7 février 1921, cette limitation est très importante : « J'ai eu récemment l'occasion de voir de nouvelles publications de Stravinsky et je dois dire que je suis tout à fait déçu. Parmi toutes ces œuvres, les seules qui me plaisent sont les " 4 chants russes " [en franç.] et " Pribaoutky ". Même celles-là ne sont que de l' « art miniature ». Sa " Piano Rag Music " [1919] est singulière, mais quelque peu sèche et futile. Mais les autres œuvres : son Rag Time pour 11 instruments [1918], ses pièces pour piano " à 4 mains " [en franç., 1917], etc. ne sont même pas singulières. J'attendais quelque chose de vraie grandeur, de vrai progrès, et je suis vraiment très triste de ne pas avoir trouvé du tout ce que j'attendais. » (A Philipp Heseltine.)

6. Composé en 1923, pour le cinquantième anniversaire de l'unification de Budapest. Pour la même festivité, Bartók composa la *Suite de danses,* et Dohnányi l'*Ouverture festive.*

7. Allusion probable à *Israël en Égypte,* où l'on trouve deux citations de la troisième *Serenata* de Stradella. En fait, les œuvres où Hændel « plagie » Stradella, ou d'autres compositeurs, sont presque innombrables. Romain Rolland (*Hændel,* Paris 1910) disait : « Non seulement il créait sa musique, mais il créait celle des autres. »

8. Cette phrase, caustique entre toutes, nous suggère par l'évocation de Brahms et de Schumann, les modèles pérennes de Dohnányi, que ce dernier pourrait bien être l'auteur de la réflexion citée par Bartók quatre alinéas plus haut.

9. Il est impossible de dire où Kodály aurait *prononcé* ces propos avant la publication du texte de Bartók. En revanche, il a *publié* des réflexions identiques dans l'article *Magyar Népzene* [Musique populaire hongroise] in *Zenei Lexikon* [Dictionnaire musical] de Bence Szabolcsi et Aladár Tóth (Budapest 1930-31).

La musique d'autrui

Lettre à János Batka

1. Musicien et archiviste à Presbourg (1845-1917). Original en hongrois.
2. BWV. 225-231 (1723-34).
3. Bartók a bien vite abandonné ce projet.

Lettre à la Société des Nations

1. Lors de la session des 12-14 mai 1932 à Prague, Bartók fit une *Proposition sur les éditions de textes authentiques (Urtextausgaben) des œuvres musicales et sur les éditions en facsimilés des manuscrits d'œuvres musicales* dont il est fait mention dans les protocoles de la S.D.N. La lettre publiée ici pour la première fois contient cette proposition. Elle est donnée sans corrections, à partir du brouillon dactylographié de Bartók amendé par lui-même et une main inconnue (un ami parlant français).

La musique de Liszt et le public d'aujourd'hui

1. Publié en hongrois sous le titre *Liszt és a mai közönség*, in *Népmüvelés* 1911/17-18, p. 359-362.
2. Liszt écrivait : « J'ai bel et bien la prétention d'être de part Droit divin le 1er Zigeuner [tsigane] du royaume de Hongrie. » (Lettre en français du 5 août 1846, d'après Franz Liszt, *Briefe aus ungarischen Sammlungen* [Lettres de collections hongroises], Budapest 1966.)
3. « Partout ailleurs, j'ai affaire avec le public, mais en Hongrie je parle à la nation. » (Lettre en français du 21 mars 1840, d'après F. Liszt, *op. cit.*)
4. Cette affirmation est fausse. Liszt a longtemps « bricolé » avec sa langue nationale avant de se décider, au début des années 1870, à l'apprendre avec le professeur piariste Zsigmond Vadász. Il était capable de prononcer les mots les plus compliqués, mais pas la petite conjonction *hogy* [que] ! (Cf. Károly Vadnai, *Liszt s a magyar nyelv* [Liszt et la langue hongroise], in *Fővárosi Lapok*, 6 août 1886, et Zsigmond Vadász, *Liszt és a magyar nyelv* [Liszt et la langue hongroise], in *Pesti napló*, matin du 27 août 1886.)
5. En si mineur (1852-53).
6. Le premier, version définitive en 1856.
7. *Eine Faust-Symphonie* (1854).
8. *Liszt fut le premier à exprimer de l'ironie en musique. Sa Sonate vit le jour vers 1850. On retrouve les mêmes sons beaucoup plus tard chez Wagner (Siegfried, Maîtres chanteurs), peut-être sous l'influence de Liszt.* La première phrase de cette note de Bartók est fausse. Il faudrait remonter loin pour trouver le créateur de l'ironie musicale ; parmi les auteurs que Liszt connaissait bien, citons seulement Mozart (Symphonie « Haffner », K. 385, Concerto n° 21, K. 467, etc.) et Berlioz (*Symphonie fantastique*, 1830).
9. Il s'agit de la répétition d'un motif à une hauteur différente.
10. *Totentanz*, version définitive en 1859.
11. *Präludium and Fuge über den Namen BACH*, deux versions : 1855 et 1870. Le thème B-A-C-H (si bémol, la, do, si bécarre) avait été utilisé par J.S. Bach dans la quadruple fugue (n° 19) de *Die Kunst der Fuge* [L'Art de la fugue] (BWV. 1080, vers 1750).
12. *Variationen über ein Motiv von Bachs « Weinen, Klagen, Sorgen, Zagen »*, pour piano en 1862, pour orgue en 1863. La cantate de Bach est immatriculée BWV. 12 ; c'est le motif de la basse dans le premier morceau qui sert de thème à Liszt.
13. La composition de ce recueil commence en 1836 et se prolonge jusqu'en 1877. Bartók inscrivait très souvent la dernière pièce de la troisième année, *Sursum corda*, au programme de ses récitals. (Cf. *infra*, Discographie, série I, vol. 1.)

14. Il s'agit des quinze premières rhapsodies, composées entre 1839 et 1848.

15. *Dans une lettre à Madame Wesendonck, il ne trouve rien d'autre à dire sur la Symphonie Faust que ceci : « J'ai entendu la Symphonie Faust de Liszt ; c'est la seconde partie qui me plaît encore le plus. »*

En fait, Wagner est trop enthousiaste, à l'époque du Faust de Liszt, pour pouvoir exprimer la moindre critique à l'endroit de son ami. Son égocentrisme notoire le pousse plutôt à s'accaparer quelques trouvailles lisztiennes, à témoin cette phrase de ses mémoires (*Mein Leben*, Leipzig 1958) : « Ma joie sur tout ce que j'appris de Liszt fut aussi grande que *sincère*, mais surtout aussi *significativement stimulante.* » Si Wagner n'est pas critique, ce n'est certainement pas par indifférence.

16. Le passage soudain au présent n'est pas une erreur de traduction : Bartók indique par là que Brahms est, dans son attitude conservatrice et négative, le père du « public d'aujourd'hui » (cf. le titre du présent article). En fait, tout ce qui suit vaut autant pour le comportement du public face aux œuvres de Bartók lui-même au moment où il écrit ces lignes, ce qui explique le discours virulent et ironique de l'auteur.

17. *Eine Symphonie zu Dantes Divina Commedia* (1855-56).

18. *Cf. correspondance entre Brahms et Joachim.*

« Unmusik », la non-musique, est une allusion à « Unrat », ordure : la traduction est pauvre !

19. En 1899. Bartók travaillait avec I. Thomán, ancien élève de Liszt. (Cf. Lili Veszprémi, *Zongora-oktatásunk története*, Budapest 1971.)

20. Cf. *Autobiographie* (texte et note 6).

21. En 1901. Bartók a joué la sonate en concert le 21 octobre de la même année, à l'occasion du quatre-vingt-dixième anniversaire de Liszt. Les critiques louèrent son style et le désignèrent comme le successeur de Dohnányi (cf. *Magyarország*, 23 octobre 1901).

22. Probablement pendant l'été 1903, alors que Bartók était allé spécialement à Gmunden pour bénéficier de l'enseignement de Dohnányi. (Cf. Bálint Vázsonyi, *op. cit.*)

Le rôle de la musique française au début du XXe siècle

1. Publié sans titre dans le numéro d'*Hommage à Ravel* de la *Revue musicale* 1938/187, p. 436.

TROISIÈME PARTIE

LES CARPATHES ET LA VALLÉE DU DANUBE

1. Cf. *infra*, lettre à O. Beu.

2. En revanche, ses collections slovaques ont été publiées par l'Académie des sciences de Slovaquie sous le titre *Slovenské Ľudové Piesné* [Chansons populaires slovaques], Bratislava 1959 et 1970 (2 vol.).

3. Cf. *supra*, Composition et esthétique.

Lettre à Márta Ziegler

1. Suite de la lettre du 3 février 1909, cf. *supra*, début de la seconde partie.
2. « Trompe », en slovaque.
3. « Jeannot », en slovaque.
4. « Martinet » (Petit Martin), en slovaque.
5. « Bonne nuit ! », en slovaque.
6. « Vivat ! », en hongrois.
7. En français dans le texte.
8. Traduction du texte de la première mélodie :

Komárno la caserne
En petites pierres,
Ma mère s'y est rendue en larmes.

Musique populaire hongroise

1. Publié en allemand sous le titre *Ungarische Volksmusik*, in *Schweizerische Sängerzeitung* 1933/2-4, p. 13s, 21s et 32s.
2. L'expression hongroise et allemande, *népies műdal — volkstümliches Kunstlied,* est pratiquement intraduisible en français : le mot « savant » correspond mal à *mű — Kunst* (artistique, artificiel).
3. Cf. Bálint Sárosi, *Cigányzene* [Musique tsigane], Budapest 1971 ; également en anglais et en allemand sous les titres *Gypsy music — Zigeunermusik.*
4. Bartók et Kodály se sont intéressés directement à ces chansons véritablement tsiganes. On trouve un bon exposé de leurs recherches, avec des fac-similés de leurs notations, dans l'article de Rudolf Víg, *Cigány népdalok Bartók Béla és Kodály Zoltán gyűjtéséből* [Chansons populaires tsiganes de la collection de Béla Bartók et Zoltán Kodály], in *Népzene és zenetörténet II.*, Budapest 1974.
5. Les textes sont traduits à partir de l'original hongrois, sans tenir compte des traductions allemandes fournies par Bartók (cette remarque vaut aussi pour l'article suivant sur la musique roumaine).
6. *Le premier noté par Kodály, le second par Vikár, tous les deux en Transylvanie, et publiés par Bartók et Kodály dans* Erdélyi Magyarság [les Hongrois de Transylvanie] (*Budapest 1921) sous les numéros 77 et 95.* [1921 est la date de la préface ; le recueil a été publié en fait en 1923.]
7. Ce n'est pas tout à fait exact : on le trouve (trouvait !) parfois chez certains bergers et montagnards.
8. *Cette échelle primitive semble avoir été généralement répandue il y a plusieurs centaines ou milliers d'années, elle était par exemple connue des Grecs anciens. Aujourd'hui, elle n'existe plus que dans la musique des Chinois, des Mongols, des Noirs africains, etc.*
9. Cette observation est particulièrement importante pour l'harmonisation de ces chansons. Cf. *supra, De l'influence de la musique paysanne sur la musique savante d'aujourd'hui.*
10. Dans son livre sur « la Chanson populaire hongroise » (*A magyar népdal,* Budapest 1924 — *Das ungarische Volkslied,* Berlin 1925), Bartók invoque des raisons plus précises : « Les preuves du caractère archaïque sont :

— le système pentatonique ;
— la structure primitive : une forme déjà close, mais pas encore architectonique ;
— l'isométrie des lignes mélodiques ; enfin
— le fait qu'elles [les chansons] jouent dans la musique paysanne hongroise un rôle analogue à celui des chansons octosyllabiques et parlando-rubato dans la musique populaire roumaine.

(Quoique de faible poids, il faut quand même évoquer le fait que les textes de ces mélodies, notamment dans la zone IV [Transylvanie et Bucovine], ont un cachet archaïque frappant du point de vue de la langue et du contenu.) [...]

En ce qui concerne leur origine, nous sommes tout à fait dans l'incertitude. On peut toutefois prouver qu'elles ne proviennent pas de la musique paysanne des peuples voisins. »

A l'époque du présent article, Kodály commence à tirer ses premières conclusions sur l'origine finno-ougrienne de ces mélodies ; le 23 mars 1923, il fait une conférence à l'Académie des sciences sur « la Couche archaïque de la musique populaire hongroise » qui sera reprise en substance dans son livre sur « La Musique populaire hongroise » (*A magyar népzene*, Budapest 1937 — *Die ungarische Volksmusik* 1956 — *Folkmusic of Hungary* 1960). La parenté de nombreuses mélodies hongroises avec celle de certains peuples vivant encore dans l'Oural, parallèlement à des similitudes typologiques, traditionnelles (contes, art populaire, etc.) et linguistiques, permet d'indiquer la source des anciennes mélodies hongroises : c'est l'Oural ! Comme les Hongrois (et d'autres peuples ougriens) se sont séparés de la branche finno-permienne vers la fin du troisième millénaire avant notre ère, on a donc une date de référence pour affirmer que ces chansons sont effectivement « vieilles ». Il semble en revanche que les textes aient subi beaucoup plus de modifications que les mélodies (cf. P.A. Autexier, *La Musique en Hongrie*, Paris 1976). Bartók n'acceptera vraiment cette théorie que lorsqu'il trouvera lui-même en Turquie des chansons apparentées à celles des Hongrois (cf. *infra* l'article sur la « Collecte de chansons populaires en Turquie »).

11. En français dans le texte.

12. Bartók ne fait bien sûr pas allusion à l'accent principal du mot allemand, qui peut être indifféremment long ou bref, mais aux accents secondaires qui n'existent effectivement que sur des syllabes longues ou comportant un *e* non réduit (Hei*rat*, e*lend*...).

13. En hongrois moderne, il n'existe qu'un seul cas d'anacrouse prosodique, celui des articles (egy, a, az) — et ce cas n'existait pas dans la langue ancienne (ce que montrent certaines chansons).

14. Le célèbre *scotch snap* (littéralement « coup de dent écossais »), plus connu en France sous le nom de « rythme lombard ». Étant donné l'absence de voyelles vraiment longues en français, la transposition de l'image rythmique hongroise est encore plus difficile qu'en allemand ! (Dans la traduction des textes des chansons, il n'a été tenu compte que de l'aspect sémantique.)

15. *Le premier noté par Kodály en Hongrie septentrionale, le second par Bartók en Transylvanie.*

16. *Par « juge », on doit comprendre à peu près l'administrateur du village qui, en tant que « juge », devait diriger certaines affaires officielles dont le recrutement évoqué ici.*

17. *Noté par Bartók en Hongrie septentrionale.*

18. Connues en France sous le nom de « tyroliennes ».

Musique populaire roumaine

1. Publié en allemand sous le titre *Rumänische Volksmusik*, in *Schweizerische Sängerzeitung* 1933/17-18 et 20, p. 141s, 148s et 168s.

2. Cf. l'ouvrage de Bartók intitulé *Volksmusik der Rumänen von Maramureş* [Musique populaire des Roumains du Maramureş], Munich 1923.

3. Cf. l'ouvrage de Bartók intitulé *Cântece poporale româneşti din comitatul Bihor (Ungaria) — Chansons populaires roumaines du département [de] Bihor (Hongrie)*, Bucarest 1913.

4. Cf. le long article de Bartók intitulé *A hunyadi román népzenedialektusa* [Le dialecte musical du peuple roumain d'Hunedoara (Hunyad)], in *Ethnographia* 1914/2, p. 108-115. Également en allemand (*Der Musikdialekt der Rumänen von Hunyad*) in *Zeitschrift für vergleichende Musikwissenschaft* 1920/6, p. 352-360, et en roumain *(Dialectul muzical al românilor din Hunedoara)* in *Muzica şi poezie* 1936/4, p. 6-14.

5. Cf. l'ouvrage de Bartók intitulé *Melodien der rumänischen Colinde (Weihnachtslieder)* [Mélodies des colinde roumaines (chansons de Noël)], Vienne 1935.

6. C'est le sujet de la *Cantata Profana* (composée en 1930). Les textes roumains utilisés par Bartók pour cette cantate correspondent aux numéros 12i et 12bb de la collection citée précédemment (note 5).

7. Observation importante pour les germanophones dans la mesure où c'est justement l'inverse en allemand.

8. On dit aussi « nénies » (en roumain : *bocet(e)*).

9. Il y a là une petite imprécision terminologique : il s'agit de phrases psalmodiées comme dans la musique d'église (mais pas spécifiquement dans le répertoire grégorien).

10. C'est surtout le cas au Maramureş (cf. l'ouvrage cité à la note 2).

11. Malgré son diminutif (affectif), *badiuţ* est un terme respectueux désignant un homme plus âgé que la personne qui parle.

12. Cette conférence eut lieu le 18 mars 1914. Elle se composait de deux parties :

a) Description de la musique des Roumains de Hunedoara avec illustration de musique et de danse (un cornemuseur, un flûtiste, un chanteur et deux chanteuses, tous venus du village de Cerbăl en Transylvanie) ;

b) Présentation de la méthode d'enregistrement pour phonographe et gramophone.

Ce qu'on appelle le rythme bulgare

1. Conférence radiophonique du 6 avril 1938, publiée (avec quelques modifications) dans la revue hongroise *Énekszó* 1938/6, p. 537-541, sous le titre *Az úgynevezett bolgár ritmus.*

2. *Sonate*, en ut mineur (1827), Larghetto.

3. *Symphonie n° 6*, en si mineur (1893).

4. Traduction : *Babette Angoli se fit confectionner un jupon.*
Elle raccourcissait par-devant
Et rallongeait par-derrière.

5. Ancien nom hongrois ; actuellement en roumain : Hunedoara (région de Deva). Traduction du texte :

Je voudrais demander au jeune fiancé
Dieu mon Seigneur,
Je voudrais demander au jeune fiancé
Pourquoi le vent est paisible.

6. Depuis l'accession d'A. Hitler au pouvoir, Bartók est considéré en Allemagne comme un artiste « dégénéré ». Au moment où il tient la présente conférence, il nourrit l'idée de rompre son contrat avec Universal Edition (Vienne) en guise de protestation contre le fascisme. Dans une lettre du 24 octobre 1938 écrite en sept langues (anglais, français, hongrois, italien, turc, roumain et croate), il va jusqu'à conclure en français et en italien : « Je n'ai pas voulu faire usage de questa maledetta lingua dei nostri vicini [cette maudite langue de nos voisins], que j'abhorre plus que jamais. »

7. Comme tous les Hongrois, Bartók veut dire « roumain » quand il écrit « valaque » ; la Valachie n'est bien sûr qu'une petite partie du territoire roumain (linguistique comme politique).

8. Respectivement en roumain : les zones de Turda, Tîrgu Mureş, Banat et Bihor.

9. « Sur pied », en roumain.

10. *A moldvai magyarság* [Les Hongrois de Moldavie], Csíksomlyó [Miercurea Ciuc] 1931.

11. En slovaque : *Nitra.*

12. Béla Vikár, *Fonográffal gyűjtött népköltési adalékok* [Matériaux de poésie populaire recueillis au phonographe], Budapest 1900.

13. En roumain : Galbeni, juridiction de Bacău. Traduction :

Arroche d'été, arroche d'hiver,
Triste soldat de cavalerie,
Veux-tu la fleur d'amour ?
Certes, j'en voudrais bien, si vous en aviez.

14. Ne pas confondre avec *turc ;* il s'agit des peuples vivant principalement dans le Caucase (Tatares, Bachkirs, Kirghizes, Azerbaïdjanais, Ouzbekistanais, Cosaques, etc.).

15. V.A. Ouspensky et V.M. Belaïev, *Turkmenskaïa muzyka* [Musique turkmène], Moscou 1928.

16. On parle parfois de « rythme hétérochrone ». Constantin Brăiloiu a préféré le terme turc de « rythme aksak ». (Cf. son article *Le Rythme aksak*, in *Rivista musicale italiana*, décembre 1951.)

17. La consonne « r » étant roulée en hongrois et en bulgare, il n'y a pas de division marquée entre les deux syllabes, mais une sorte de liaison des deux fractions de la croche. En revanche, la consonne « r » est grasseyée en français (et en allemand commun) : il conviendrait donc plutôt de chanter « tili » pour obtenir le même résultat qu'en hongrois.

18. Traduction du texte bulgare :

Ici, nous avons entendu et compris
que vous avez un petit garçon.

HORS D'EUROPE

1. *A Biskra-vidéki arabok népzenéje* [La Musique populaire des Arabes de la province de Biskra (Dejlfa)], in *Szimfónia* 1917/12-13, p. 308-323, ou en allemand : *Die Volksmusik der Araber von Biskra und Umgebung*, in *Zeitschrift für Musikwissenschaft* 1920/9, p. 489-522.

1. Conférence tenue à la Radio de Budapest le 11 janvier 1937 sous le titre *Népdalgyűjtés Törökországban* et publiée avec quelques modifications (dont il n'est pas tenu compte ici) dans la revue *Nyugat* 1937/3, p. 173-181. Cf. également l'ouvrage rédigé par A. Adnan Saygun et édité par László Vikár, *Béla Bartók's Folk Music Research in Turkey* [Les recherches de musique populaire de Béla Bartók en Turquie], Budapest 1976, qui contient toutes les notations musicales de Bartók.

2. Traduction du texte :

Le pacha Kurt a conquis Gozan (= Kozan),
Ces événements sont inconcevables ;
Ils ont tué Gozanoğlu,
Et il est interdit de lui faire une tombe.

Voici la mélodie turque :

et sa « variante hongroise » :

3. « La variété délecte ! » (latin).

4. « Turcs, de la musique populaire turque ! » (turc).

5. En hongrois, les mots « retirer » et « enregistrer » ont la même racine *(levenni, felvenni)*. Il y a donc ici un jeu de mots intraduisible.

6. Avant chaque expédition en terre étrangère, Bartók s'initiait à la langue du pays. Un mois avant son séjour en Turquie, il écrit à Ankara (17 octobre 1936) : « J'ai déjà appris un peu de turc et déjà pu faire quelques constatations extraordinairement intéressantes, comme ceci : « At deveden çabuk gider » ou « Kedi köpekden, küçüktür » [« Le cheval court plus vite que le chameau » — « Le chat est plus petit que le chien »], etc. Mais je n'ai pas encore pu me familiariser avec la véritable langue littéraire ! On utilise des mots terriblement longs et énormément de formes participiales ! » Avec un tel bagage, Bartók a pu suivre de loin les conversations, mais il était hors de question d'y participer directement.

7. Dans les collections publiées jusqu'alors (par exemple celles de Mahmud Raghib Gazimihal), on trouvait surtout de la musique citadine, fortement influencée par la musique arabe, donc d'un faible intérêt du point de vue ethnographique.

Musique arabe

1. Cet article a été publié sans titre dans la revue berlinoise *Zeitschrift für vergleichende Musikwissenschaft* 1933/2, p. 46-48.

2. La *duma* (pl. : *dumy*) est une sorte de chant épique ukrainien et ruthène. Cf. Philaret M. Kolessa, *Melodien der ukraïnischen rezitierenden Gesänge (Dumy)* [Mélodies des chants ukrainiens en récitatif], in *Beiträge zur ukraïnischen Ethnologie*, Lemberg [Lvov] 1910/13 et 1916/14.

3. Cf. Béla Bartók, *Volksmusik der Rumänen von Maramureş* (références *supra, Musique populaire roumaine*).

Annexes

Chronologie comparative

Cette synopsis a pour fin seulement de fournir quelques points de repères historiques et culturels dans l'époque de Bartók. On ne doit en aucun cas y chercher toutes les grandes œuvres comprises entre 1881 et 1945, et l'ordre dans lequel celles qui ont été retenues n'implique aucunement une appréciation.

La première colonne concerne la vie et les œuvres-repères de Bartók.

La seconde colonne rassemble les données sur la musique et les musiciens du temps de Bartók.

La troisième colonne brosse un portrait par titres et noms d'auteurs de la littérature contemporaine au compositeur (les œuvres hongroises y tiennent naturellement une place de choix).

La dernière colonne évoque les principaux moments historiques et techniques, ainsi que des noms et œuvres du monde des arts visuels.

Abréviations

D = Décès	N = Naissance
Sy = Symphonie	So = Sonate
Sé = Sérénade	Cht = Chant
Q4 = Quatuor	Q5 = Quintette
P = Piano	V = Violon

Les tonalités écrites en minuscules sont en mineur.

1881			
25 mars : naissance à Nagyszent-miklós.	D : Moussorgsky. N : Enesco. Chabrier : Pièces pittoresques.	D : Dostoïevsky. N : Papini, Zweig, Teilhard, Martin du Gard. Verga : les Malavoglia. Verlaine : Sagesse.	Assassinat du tsar Alexandre II. Loi de J. Ferry sur l'enseignement primaire. N : Picasso, Braque. Renoir : Déjeuner des canotiers.
1882			
	N : Kodály, Malipiero, Stravinsky. Wagner : Parsifal. Brahms : C°P n° 2. Busoni : 24 préludes.	D : Arany. N : Giraudoux, Joyce. Taine : la Philosophie de l'art.	Prise du Caire (Anglais). Serbie devient royaume. Manet : le Bar des Folies-Bergère.
1883			
	D : Wagner. N : Webern, Casella. Delibes : Lakmé. Chabrier : España. Brahms Sy n° 3. Smetana : Q4 en mi.	D : Tourgueniev. N : Ortega y Gasset, Babits, Kafka. Nietzsche : Zarathoustra. Verhaeren : les Flamands. Eminesco : Poèmes.	Russification des pays baltes.

1884			
	Franck : Prélude, choral et fugue. Massenet : Manon. Bruckner : Sy n° 7.	N : Bachelard, Balázs, Supervielle. Huysmans : A rebours. Daudet : Sapho.	Colonisation allemande du Sud-Ouest africain. Rodin : les Bourgeois de Calais. Steindl : Parlement de Budapest.
1885			
Naissance d'Elza (sœur).	N : Weiner, Varèse, Berg. Brahms : Sy n° 4. Franck : Variations sy.	D : Hugo. N : Romains, Mauriac, Maurois. Zola : Germinal.	Création Congo. Union Bulgarie-Roumélie. Cézanne : le Jas de Bouffan.
1886			
	D : Liszt. Bruckner : Te Deum. d'Indy : Sy cht montagnard. Franck : So VP. Fauré : Q4 n° 2.	N : Alain-Fournier. Nietzsche : Par-delà B & M. Stevenson : Dr Jekyll-Mr Hyde.	Hertz : ondes électromagn. Fénéon : les Impressionnistes. Moréas : Manif. symboliste. Rodin : le Baiser.
1887			
Premières leçons de mus. 23 avril : premières compos. (perdue : petite pièce à 4 mains).	D : Borodine. Fauré : Requiem. Verdi : Otello. Janáček : Šárka.	N : Kassák, Wiechert, S.J.Perse. Nietzsche : Généalogie morale.	N. : Berény. Van Gogh : Le Père Tanguy.

1888			
4 août : décès père. Mère donne provisoirement des leçons de P.	Debussy : Ariettes oubliées. Franck : Sy ré. Rimsky : Schéhérazade.	D : Storm. N : O'Neil, Bernanos. Maupassant : Pierre et Jean.	Avènement Guillaume II de Prusse. Forest : moteur à essence.
1889			
Installation à Nagyszőllős. Mère institutrice.	Strauss : Don Juan. Solesmes : Paléo. mus. (I).	N : Cocteau. Tolstoï : So à Kreutzer. Bergson : Essai Données imm.	Eiffel : la Tour.
1890			
Commence à composer régulièrement (n° opus !).	D : Franck. Wolf : Lieder esp. et it. Borodine : le Prince Igor. Satie : 3 gnossiennes.	Valéry : Narcisse. Ibsen : Edda Gabler.	Chute de Bismarck. Ader : premiers essais. D : Van Gogh. Monet : les Meules.
1891			
Le Cours du Danube (op. 20).	D : Delibes. N : Prokofiev. Brahms : Q5 op. 115.	D : Rimbaud, Melville, Seurat. Wilde : Portrait D. Gray. Prohászka : Dieu et le Monde.	Début const. Transsibérien. Collab. Freud-Breuer. Gauguin à Tahiti.
1892			
1er mai : première audition publique (op. 20). Automne : départ pour Presbourg.	D : Lalo. N : Lajtha, Honegger, Milhaud. Fauré : Bonne chanson. Mahler : Des Knaben Wunder-	D : Whitman. Svevo : Une vie. Claudel : la Ville.	Accord franco-russe. Lorentz : les électrons. Cézanne : les Joueurs de cartes.

1893			
Automne : Bistritz (8 mois).	D : Gounod, Tchaïkovsky. Wolf : Sé italienne. Verdi : Falstaff.	Coşbuc : Ballades et Idylles. Jókai : la Rose jaune. Verlaine : Élégies.	Moteur Diesel. Gauguin : Pastorale tahi. T-Lautrec : Expo Montmartre.
1894			
Avril : retour à Presbourg. Années de lycée (mus. de chambre et lieder). Profs : Erkel, Hyrtl.	D : Chabrier. Debussy : Prélude Faune. Mahler : Sy n° 2 (Résurr.). Dvořák : Sy n° 9 (Nouv. monde).	Kipling : le Livre de la Jungle. Wilde : Salomé. Hofmannstahl : le Fou et la Mort.	Tsar Nicolas II. Engels : le Capital (l. 3). Rousseau : la Guerre.
1895			
	N : Hindemith. Ravel : Habanera. Strauss : Till Eulenspiegel.	Tolstoï : Maître et serv. Tchékhov : la Mouette. Wedekind : Esprit de la terre. Mikszáth : le Parapluie de St. P.	Peugeot : premières voit. sur pneumatiques. Lumière : cinématographe. Röntgen : rayons « x ».
1896			
	D : Bruckner, Erkel. Puccini : la Vie de Bohème. Mahler : Sy n° 3. Strauss : Zarathoustra.	D : Verlaine. Hauptmann : la Cloche engloutie. Jarry : Ubu Roi.	Marconi : TSF. Picasso : le Mendiant. Revue Jugend (Jugendstil).
1897			
	D : Brahms. Dukas : l'Apprenti sorcier.	D'Annunzio : la Ville morte. Tchékhov : les Moujiks.	Ader : premier vol « Avion ». Matisse : Nu dans l'atelier.

1898			
	Fauré : Pelléas et Mélisande. Strauss : la Vie d'un héros. Ives : Sy n° 1.	D : Fontane, L. Caroll, Mallarmé. N : Brecht, Hemingway. Gárdonyi : Mon village. Rostand : Cyrano de Bergerac.	Curie : le radium. Rodin : Balzac. Gauguin : le Cheval blanc.
1899			
Baccalauréat. Sept. : admission à l'Académie de Budapest. (Thomán, Koessler).	N : Auric. Debussy : 3 nocturnes. Ravel : Pavane Infante. Schoenberg : Nuit transf.	N : García Lorca. Tolstoï : Résurrection.	Conférence de La Haye. Freud : la Science des rêves. Redon : l'Apocalypse.
1900			
Etudie Wagner. Santé très menacée.	Mahler : Sy n° 4. Puccini : la Tosca. Sibelius : Finlandia.	D : Nietzsche, Wilde. Bergson : le Rire.	Planck : les quantas. Maillol : Femme assise.
1901			
Redouble à l'Acad. pour raison de santé.	D : Verdi. Ravel : Jeux d'eau. Ives : Sy n° 2.	D : Toulouse-Lautrec. Mann : les Buddenbrooks. Tchékhov : les 3 sœurs.	Commonwealth australien. Picasso : Femme et enfant au bord de la mer.
1902			
12 février : entend le Zarathoustra de Strauss.	Schoenberg : Pelléas et M. Debussy : Pelléas et M. Mahler : Kindertotenlieder. Janáček : Jenůfa.	D : Zola. N : Illyés. Gorki : les Bas-fonds. Croce : l'Esthétique...	Monet : Vues de Vétheuil. Rodin : Roméo et Juliette.

1903			
Fin d'études (« excellent »). Nationalisme (Kossuth).	D : Wolf. Ravel : Schéhérazade.	Mann : Tonio Kröger. Rilke : Livre d'heures.	Séparation des bolcheviks. D : Gauguin.
1904			
Exécutions de Kossuth (Manchester, Budapest).	D : Dvořák. Puccini : Mme Butterfly. Mahler : Sy n° 6. Ives : Sy n° 3.	D : Tchékhov. Pirandello : Feu Mathias P.	Internationale socialiste.
1905			
Rencontre Kodály. Première coll. cht pop. Concours Rubinstein.	Falla : la Vie brève. Debussy : la Mer. Mahler : Sy n° 7. Sibelius : C°V.	N : József. H. Mann : Professor Unrat. Morgenstern : Chts du gibet. Rolland : Jean-Christophe.	Russie : échec de la révol. Einstein : la relativité. Expo des Fauves. Picasso : les Saltimbanques.
1906			
Tournée ibérique. Début coll. slovaque. Déc. Chts pop. hongrois (en coll. avec Kodály).	Ravel : Histoires nat. Albéniz : Iberia. Schoenberg : Kammersy.	D : Ibsen. Ady : Poésies nouvelles. Sadoveanu : Fleur fanée. Musil : le Désarroi...	Russie : Douma et réf. agr. D : Cézanne. Picasso : Portrait de G. Stein. Matisse : la Guitare.
1907			
Prof. de P. à l'Acad. Liszt. Coll. en Transylvanie. Découvre Debussy par Kodály. Termine la Suite n° 2.	D : Grieg. Ravel : Rhapsodie esp. Sibelius : Sy n° 3.	D : Huysmans, Jarry, Carducci. Ady : Sang et or. Revue Nyugat (Occident). Gorki : la Mère.	Triple Entente. Picasso : les Demoiselles.

1908			
Q4 n° 1. 14 bagatelles.	D : Rimsky. N : Messiaen. Schoenberg : Q4 n° 2. Mahler : Cht de la terre. Scriabine : Poèmes de l'extase.	Rilke : Nouvelles poésies. Claudel : 5 grandes odes. Gárdonyi : les Esclaves de Dieu. Ady : Dans le char d'Elias.	Autriche : annexion de la Bosnie-Herzégovine. Le Congo devient belge. Monet : Vue de Venise.
1909			
Première coll. roumaine. Amitié avec I. Buşiţia. Mariage (Márta Ziegler).	D : Albéniz. Mahler : Sy n° 9. Granados : Goyescas. Schoenberg : 5 pièces op. 16. Strauss : Elektra.	Gide : la Porte étroite. Móricz : les 7 fous. Mikszáth : la Ville noire. Ady : J'aimerais qu'on m'aime. Molnár : Liliom.	Douanier Rousseau : la Muse insp. Italie : le futurisme. Brâncuşi : la Muse endormie.
1910			
Août : premier fils (Béla). Festival hongrois (Paris) : joue pièces P.	D : Balakirev. Stravinsky : l'Oiseau... Webern : 6 pièces op. 6. Berg : Q4 op. 3.	D : Tolstoï, James, Twain. Móricz : Or brut. Ady : Poèmes de tous les secrets. Péguy : le Mystère...	D : Rousseau.
1911			
Fondation de l'UMZE Le Château de Barbe-Bleue. Allegro barbaro.	Ravel : l'Heure esp. Stravinsky : Pétrouchka. Debussy : le Martyre... Schoenberg : 6 pièces op. 19. Sibelius : Sy n° 4.	D : Mikszáth. Kosztolányi : Magie. Hofmannstahl : Jedermann. Móricz : Derrière le dos de Dieu. S. J. Perse : Éloges.	Gropius : usine Fagus. Boccioni : la Force de la Rue. Maillol : Flore. Picasso : le Joueur de mandoline.

1912				
	Retrait de la scène mus. : concentration sur l'enseignement et le cht pop.	D : Massenet. Schoenberg : Pierrot lunaire. Berg : Altenberg-Lieder. Debussy : Images, Jeux. Ravel : Daphnis et Chloë.	D : Strindberg, Pascoli. Ady : la Vie fuyante. Gide : le Retour de l'enfant... Claudel : l'Annonce...	Vienne : Manifeste contre l'armement (Loos). Bonnard : L'automne. Kandinsky : Du spirituel dans l'art.
1913				
	Juin : coll. à Biskra (Algérie). Publication de la coll. roumaine de Bihor.	Debussy : 24 préludes. Stravinsky : le Sacre. Russolo : l'Art des bruits. Webern : 5 pièces op. 10, Bagatelles pour Q4 op. 9.	A.-Fournier : le Grand Meaulnes. Apollinaire : Alcools.	La Bulgarie déclare la guerre à la Roumanie et la Serbie. Braque : Femme à la guitare. Matisse : Portrait de Mme A. Berény : Portrait de Bartók.
1914				
	Ralentissement du travail de compos. et de rech. folklorique.	Berg : 3 pièces op. 6. Ravel : Trio avec P. Prokofiev : le Vilain petit canard.	Ambrus : Comédies anciennes. Ady : Qui m'a vu ? Gide : les Caves du Vatican.	28 juin : attentat Sarajevo. Juillet : guerre austro-serbe. Août : 1re Guerre mondiale. Utrillo : le Lapin agile.
1915				
	Q4 n° 2.	D : Scriabine. de Falla : l'Amour sorcier. Ives : So P n° 2 (Concord). Debussy : Études.	Kassák : Épopée sous le masque de Wagner. Rebreanu : Ion.	Le Corbusier : maison Domino.

1916			
Suite P op. 14.	D : Reger. Ives : Sy n° 4. Webern : 4 lieder. de Falla : Nuits Jardins. Casella : Sonatine P.	D : James. Goga : Chansons sans patrie. Kafka : le Verdict. Joyce : Dedalus. Revue Ma (Aujourd'hui).	D : Boccioni, Redon.
1917			
Le Prince de bois.	Stravinsky : les Noces. Busoni : Turandot. Malipiero : Pause del silenzio.	Valéry : la Jeune Parque. Pirandello : Chacun sa vérité.	Révolution russe. Modigliani : Nu couché.
1918			
24 mai : première de Barbe-Bleue. Contrat avec Universal.	D : Debussy. Stravinsky : Rag time. de Falla : 7 chansons pop.	D : Apollinaire. Ady : A la tête des morts. Cocteau : le Coq et l'Arlequin. Tzara : : Manifeste Dada.	Hongrie : déclaration d'indépendance (période très instable). Matisse : Odalisques. Brâncuşi : Colonne sans fin.
1919			
Le Mandarin merveilleux. Projette de quitter la Hongrie.	de Falla : le Tricorne. Milhaud : les Choéphores. Migot : les Agrestides.	D : Ady. Szabó : le Village emporté. Gide : la Sy pastorale.	IIIe Internationale. 21 mars : république de B. Kun. Guerre Hongrie-Roumanie. D : Renoir.

1920			
Début de collab. aux revues mus. étrangères. Violentes attaques en Hongrie.	Caplet : Messe a cappella. Varèse : Amériques. Milhaud : le Bœuf... Hába : Q4 n° 2.	Kassák : le Cht des bûchers. Babits : la Madone de Noël. Spengler : le Déclin de l'Occident.	Traité de Trianon (la Hongrie a définitivement le territoire actuel). Début gouvernement Horthy.
1921			
So VP n°s 1 et 2. Début de sa renommée internationale (40 ans).	D : Saint-Saëns. Berg : Wozzeck. Prokofiev : C^{o}P n° 3. Honegger : le Roi David.	Rilke : Sonnets à Orphée. Svevo : la Conscience de Zeno. Pirandello : 6 personnages...	U.R.S.S. : N.E.P. Picasso : les 3 musiciens. Léger : l'Homme au chien.
1922			
Concerts en Transylvanie, en Angleterre et à Paris.	Stravinsky : Mavra, Renard. Hindemith : Q4, Kammermus.	D : Verga. Babits : le Fils de V. Timar. Galsworthy : Forsyte Saga. József : le Mendiant de la beauté.	Mussolini au pouvoir. Nagy : recherche cinétique.
1923			
Divorce et second mariage (Ditta Pásztory). Parution de la coll. du Maramureş.	Caplet : Miroir de Jésus. Roussel : Padmâvati. Kodály : Psalmus hungaricus. Schoenberg : Pièces op. 23.	Kassák : Ma Mère la Terre. Rebreanu : la Forêt des Pendus. Zweig : Amok.	Broglie : mécanique ondulatoire. Barlach : le Vengeur.

1924			
Violemment attaqué par les nationalistes hongrois. Scènes de village. Publ. Cht pop. hongrois.	D : Fauré, Puccini, Busoni. Varèse : Octandre. Ravel : Tzigane. Honegger : Concertino. Schoenberg : Q5 à vent.	D : Kafka. Mann : la Montagne magique. Breton : Manif. surréaliste. Erdélyi : Au bout du monde. Berdiaev : le Nouveau Moyen Age.	D : Lénine. Picasso : grandes natures mortes. Eisentein : Potemkine.
1925			
Concerts en Italie. Aucune composition.	D : Caplet, Satie. Berg : Kammerkonzert. Ravel : l'Enfant Sortilèges. Hindemith : C° orchestre.	József : Ce n'est pas moi qui crie. Kassák : le Cheval meurt, les oiseaux s'envolent. Gide : les Faux-Monnayeurs.	Évincement de Trotsky. Hitler : Mein Kampf (rédaction). Braque : Nature morte à la table de marbre.
1926			
Nouvelle période : C°P n° 1.	Kodály : Háry János. de Falla : C° clavecin. Varèse : Intégrales. Berg : Suite lyrique.	D : Rilke. Lawrence : les 7 piliers... Mauriac : Thérèse Desqueyroux.	L'Allemagne à la S.D.N. D : Monet. Ernst : Histoire naturelle. Gropius : Bauhaus de Dessau.
1927			
Q4 n° 3. Déc. : 1re tournée aux U.S.A.	Stravinsky : Œdipus Rex. Chostakovitch : Sy d'Octobre. Auric : Pastorale. Webern : Trio.	Babits : Ceux qui courent à la mort. Heidegger : l'Être et le temps. Arghezi : Paroles assorties.	Lindbergh : traversée de l'Atlantique en avion.

1928			
Q4 nº 4. Déc. : Tournée en U.R.S.S.	D : Janáček. Ravel : Boléro. Honegger : Antigone. Schoenberg : Variat. op. 31.	D : Svevo, Blasco Ibañez. Illyés : Terre lourde. Brecht : l'Opéra de 4 sous. Breton : Nadja.	U.R.S.S. : 1er plan quinquennal. Einstein : champ unitaire.
1929			
Voyage en Suisse. Approfondissement de l'étude des textes pop. hongrois et roumains.	Schoenberg : Von Heute auf Morgen. Stravinsky : Capriccio. Roussel : Petite suite.	József : Je n'ai ni père ni mère. Ortega y Gasset : la Révolte...	Exil de Trotsky. Ernst : la Femme à 1 000 têtes
1930			
Cantata Profana. Se retire à nouveau de la vie mus. de Budapest.	Stravinsky : Sy des Psaumes. Webern : Q4 op. 22. Roussel : Bacchus et Ariane.	Pirandello : Ce soir on improvise. Arghezi : la Porte noire.	Crise économique aux U.S.A. Miró : Papiers collés.
1931			
CºP nº 2. Légion d'honneur (France) et couronne Corvin (Hongrie).	D : d'Indy. Varèse : Ionisation. Ravel : les 2 Cº.	Illyés : 3 vieillards. Giraudoux : Judith.	Crise économique en Europe. Picasso : les Métamorphoses.
1932			
Voyage au Caire (congrès de mus. arabe).	Migot : le Zodiaque. Poulenc : le Bal masqué. Martinů : Sextuor.	Breton : les Vases communicants. Mauriac : le Nœud de vipères.	

1933			
Fort repli intérieur. Articles sur les folklores hongrois et roumain.	D : Duparc. Petrassi : Partita. Stravinsky : Duo concertant.	Malraux : la Condition hum. Lorca : les Noces de sang. Illyés : Je chante les héros.	Hitler chancelier.
1934			
Abandonne l'enseignement du P pour l'étude du matériau folklorique. Q4 n° 5.	Dallapiccola : Divertimento. Petrassi : C° orchestre. Roussel : Sinfonietta. Berg : Lulu.	Char : le Marteau sans maître. Miller : Tropique du Cancer. Kassák : la Vie d'un homme.	U.R.S.S. : le réalisme socialiste. Venise : renc. Mussolini-Hitler.
1935			
Chœurs a cappella.	D : Dukas, Berg. Messiaen : la Nativité... Honegger : Jeanne au bûcher. Hindemith : Mathis le peintre.	Móricz : Transylvanie. Giraudoux : la Guerre de Troie. Illyés : Sous des cieux volants.	Fermi : la fission. Giacometti : l'Objet invisible. Picasso : Minotauromachie.
1936			
Mus. cordes-perc-célesta. Nov. : voyage en Turquie.	D : Glazounov. Prokofiev : Roméo et J. Varèse : Densité 21,5. Enesco : Œdipe. Kodály : Te Deum.	D : Lorca, Gorki, Pirandello. Pavese : Poèmes. Illyés : Ceux des pusztas. L. Szabó : Paix séparée. Sadoveanu : le Cas d'Eugenia Costa.	Espagne : Guerre civile. Procès moscovites. Dali : Prémonition de la guerre.

1937			
So 2P-percussion Interdit la diffusion de ses œuvres aux radios d'Allemagne et d'Italie.	D : Ravel, Roussel. Casella : C° orchestre. Orff : Carmina burana. Cage : Construction in metal.	Illyés : Ordre dans les ruines. Breton : l'Amour fou.	Picasso : Guernica.
1938			
C°V. Contrastes.	Webern : Q4 op. 28. Stravinsky : Dumbarton Oaks. Cage : Bacchanale.	D : Husserl, József, D'Annunzio, Ortega y Gasset. Sartre : la Nausée. Cocteau : la Voix humaine.	Anschluss. D : Barlach.
1939			
Mikrokosmos terminé. Pense à émigrer. Divertimento, Q4 n° 6. D : sa mère.	Webern : Cantate op. 29.	D : Yeats, Milosz. B. Szabó : l'Abîme. Sartre : le Mur.	2e Guerre mondiale. Ernst : Un peu de calme.
1940			
Avril-mai : tournée aux U.S.A. Octobre : émigre aux U.S.A.	Schoenberg : Kammersy. Webern : Variations op. 30. Petrassi : Coro di morti.	Breton : Anthologie de l'humour noir.	Les Allemands occupent presque toute l'Europe, la Hongrie leur est alliée.
1941			
Travail sur les chts serbo-croates.	Dallapiccola : Cht des prisons. Messiaen : Q4 Fin des temps.	D : Bergson, Joyce, Babits. Brecht : Mère Courage. Zweig : le Monde d'hier.	

1942			
Grave maladie (leucémie).	Hindemith : Ludus tonalis.	D : Móricz, Zweig.	Débarquement d'Afrique-Nord.
1943			
C° orchestre.	Messiaen : Visions de l'Amen.	Sartre : l'Être et le Néant.	Chute de Mussolini.
1944			
So V seul.	Stravinsky : Babel. Casella : Missa pro pace.	Sartre : Huis clos.	Débarquement de Normandie. D : Kandinsky, Mondrian.
1945			
C°P n° 3. D : 26 juillet (New York).	D : Webern, de Falla. Honegger : Sy n° 4.		Fin de la guerre en Europe. Léger : la Belle Époque.

Catalogue des œuvres musicales

Ce catalogue comprend toutes les œuvres musicales connues (au moins par leur titre quand elles sont perdues) de Béla Bartók.

C'est la première fois qu'il est tenté de rassembler les œuvres de jeunesse et celles de la maturité selon une numérotation suivie et cohérente.

Bartók a souvent remanié ses œuvres, parfois avec des instrumentations différentes. Une seule version (marquée *) figure dans le catalogue chronologique, la seconde (et les autres) étant reléguées dans une seconde liste qui contient ainsi tous les « doublons ».

Les titres sont donnés en français, avec la dénomination en langue originale entre parenthèses.

Abréviations

BH : Boosey & Hawkes (New York)
EMB : Editio Musica Budapest (Zeneműkiadó)
HS : Hawkes & Son (Londres)
MK : Magyar Kórus (Budapest)
RK : Rozsnyai Károly (Budapest)
RV : Rózsavölgyi és Társa (Budapest)
sd : sans date
SZ : Suvini Zerboni (Bologne)
UE : Universal Edition (Vienne)

Catalogue chronologique

1 Valse (Walzer) op. 1 pour piano (1890).
2 Pièce changeante (Változó darab) op. 2 pour piano (1890).
3 Mazurka op. 3 pour piano (1890).
4 Le Tournoi de Budapest (A budapesti tornaverseny) op. 4 pour piano (1890).
5 Sonatine n° 1 op. 5 pour piano (1890).
6 Pièce valaque (Oláh darab) op. 6 pour piano (1890).
7 Polka rapide (Gyorspolka) op. 7 pour piano (1891).
8 Béla-polka op. 8 pour piano (1891).
9 Katinka-polka op. 9 pour piano (1891).
10 Sons de printemps (Tavaszi hangok) op. 10 pour piano (1891).
11 Jolán-polka op. 11 pour piano (1891).
12 Gabi-polka op. 12 pour piano (1891).
13 Ne-m'oublie-pas (Nefelejts) op. 13 pour piano (1891).
14 Ländler n° 1 op. 14 pour piano (1891).
15 Irma-polka op. 15 pour piano (1891).
16 Écho de Radegund (Radegundi Visszhang) op. 16 pour piano (1891).
17 Marche (Induló) op. 17 pour piano (1891).
18 Ländler n° 2 op. 18 pour piano (1891).
19 Polka du cirque (Cirkusz-polka) op. 19 pour piano (1891).
*20 Le Cours du Danube (A Duna folyása) op. 20 pour piano (1891).
21 Sonatine n° 2 op. 21 pour piano (1891).
22 Ländler n° 3 op. 22 (1892, perdu).
23 Chanson de printemps (Tavaszi dal) op. 23 pour piano (1892).
24 Pièce szöllősoise (Szöllősi darab) op. 24 (1892, perdue).
25 Margit-polka op. 25 pour piano (1893).
26 Ilona-mazurka op. 26 pour piano (1893).
27 Loli-mazurka op. 27 pour piano (1893).
28 Valse de Louis (Lajos-walczer) op. 28 pour piano (1893).
29 Elza-polka op. 29 pour piano (1894).
30 Andante con variazioni op. 30 pour piano (1894).
31 Op. 31 (1894, perdu).
32 Sonate n° 1 en sol mineur op. 1 pour piano (1894).
33 Scherzo pour piano (1894).

34 Fantaisie (Fantasie) en la mineur op. 2 pour piano (1895).
35 Sonate n° 2 en fa majeur op. 3 (reconstituée par Denijs Dille, sans titre, 1895).
36 Capriccio en si mineur op. 4 pour piano (1895).
37 Sonate pour piano et violon op. 5 (1895).
38 Sonate n° 3 en ut majeur op. 6 (1895, perdue).
39 Pièces pour violon op. 7 (1895, perdues).
40 Fantaisie (Fantasie) pour violon op. 8 (1896, perdue).
41 Fantaisie (Fantasie) pour violon op. 9 (1896, perdue).
42 Quatuor (Quartett) n° 1 en si bémol majeur op. 10 (1896, perdu).
43 Quatuor (Quartett) n° 2 en ut mineur op. 11 (1896, perdu).
44 Andante, scherzo, fin(ale) op. 12 pour piano (1897).
45 Trois pièces (Drei Klavierstücke) pour piano, op. 13 (1897). La première pièce est éditée : Az ifjú Bartók II, EMB 1965.
46 Quintette avec piano (Klavierquintett) en ut majeur op. 14 (1897, perdu).
47 Deux pièces (Zwei Stücke) op. 15 (1897, perdues).
48 Grande fantaisie (Grosse Fantasie) en ut majeur op. 16 (1897, perdue).
49 Sonate pour violon et pianoforte op. 17 (1897).
50 Scherzo (Scherzo oder Fantasie für das Pianoforte) pour piano op. 18 (1797). Édition : Az ifjú Bartók II, EMB 1965.
51 Sonate op. 19 pour piano (1898, perdue).
52 Quatuor (Quartett) avec piano op. 20 (1898).
53 Trois pièces (Drei Klavierstücke) pour piano op. 21 (1898). Les deux premières pièces sont éditées : Az ifjú Bartók II, EMB 1965.
54 Trois chants (Drei Lieder für eine Singstimme mit Pianofortebegleitung) pour voix et piano (1898). Le premier est édité : Bartók Béla : Levelek, fényképek, kéziratok, kották (Demény), Budapest 1948.
55 Scherzo en si mineur pour piano (1898).
56 Quatuor (Quartett) en fa majeur (1898).
57 Les Violettes (Tiefblaue Veilchen) pour soprano et orchestre (1899).
58 Scherzo de forme-sonate (Scherzo szonátaformában) pour piano (1900 ?).
59 Scherzo en si bémol mineur pour piano (1900).
*60 Six danses (Hat tánc) pour piano (1900).
*61 Trois chœurs mixtes (Három vegyeskar) (1900).
62 Chants d'amour (Liebeslieder) pour une voix et piano (1900). N° 2 et 4 sont édités : Az ifjú Bartók I, EMB 1963.
63 Scherzo pour piano (1900).
64 Variations sur un thème de F.F. (Változatok F.F. egy témája fölött) pour piano (1900).
65 Scherzo en si bémol majeur pour orchestre (le trio n'est pas instrumenté) (1901 ?).
66 Tempo di minuetto pour piano (1901).
67 Quatre chants (Négy dal) pour voix et piano (1902). Édition : Bárd Ferenc és Fia, Budapest 1904.
68 Symphonie en mi bémol majeur (esquisse de piano, seul le scherzo est instrumenté) (1902).
69 Duo pour violons (1902).
70 Andante pour violon et piano (1902). Édition : EMB 1981 (facsimilé).

71 Quatre pièces (Négy zongoradarab) pour piano (1903). Éditions : Bárd Ferenc és Fia, Budapest 1904, et EMB 1956.
72 Sonate pour violon et piano (1903). Édition : Documenta Bartókiana I-II, Budapest 1964-65.
73 Soir (Est) pour voix et piano (1903). Édition : Az ifjú Bartók I, EMB 1963.
74 Soir (Est) pour chœur d'hommes (1903). Édition : Documenta Bartókiana I, Budapest 1964.
*75 Kossuth, poème symphonique (1903). Édition : EMB 1963.
76 Quatre chants (1903).
77 Quintette (Klavierquintett) avec piano (1904).
*78 Rhapsodie pour piano et orchestre (1904, « Deuxième version »). Éditions : RV 1910, UE-EMB 1963.
79 Scherzo op. 2 pour piano et orchestre (1904). Éditions : EMB 1961, Schott 1962 (= EMB).
80 Chants populaires hongrois (Magyar népdalok) pour voix et piano (1904). Édition : EMB-Schott 1963.
81 Chant populaire sicule (Székely népdal) pour voix et piano (1905). Édition : Magyar Lant 1905.
82 Suite n° 1 op. 3 pour orchestre (1905, revue en 1920). Éditions : RK 1912, EMB 1956 et 1961.
*83 Au petit « Tót » (A Kicsi « Tót-nak. [Il s'agit d'un jeu de mots : en hongrois, « tót » signifie « slovaque » et l'enfant auquel l'œuvre est dédiée s'appelle « Tóth »]) pour voix et piano (20 décembre 1905). N° 1 et 3 édités : Ödön Geszler : Gyakorlati és elméleti énekiskola a polgári fiú- (leány-) iskolák számára I, Budapest 1928-29.
84 Chants populaires hongrois (Magyar népdalok) pour voix et piano (décembre 1906, revus en 1938). Éditions : RK sd, RV 1938, EMB 1953.
85 Chants populaires hongrois (—) pour voix et piano (1906). N° 3, 4, 6, 7, 8 édités : EMB-Schott 1963.
86 Deux chants populaires hongrois (Két magyar népdal) pour voix et piano (1906 ou 1907). Édition : n° 1 : EMB-Schott 1963 ; n° 2 : Documenta Bartókiana IV 1970.
*87 Suite n° 2 op. 4 pour orchestre (les trois premiers mouvements : 1905, le dernier : 1907). Éditions : A compte d'auteur 1907, UE 1921, HS 1939 BH 1948 (version revue).
*88 Trois chants populaires de Gyergyó, comitat de Csík (Gyergyóból, három Csíkmegyei népdal) pour tilinkó [une sorte de flûte à bec] et piano (1907). Édition : EMB-Schott 1961.
*89 Concerto de violon (5 février 1908) (le premier mouvement est repris dans le n° 90). Édition : BH 1959.
90 Deux portraits (Két portré) op. 5 pour orchestre (cf. n°s 89 et 91, 1907-1911). Éditions : RK sd, EMB 1954, BH sd.
91 Quatorze bagatelles (Tizennégy zongoradarab — Bagatellek) op. 6 pour piano (mai 1908) (n° 14 = Second portrait). Éditions : RK sd, UE sd, EMB 1954 (SZ).
*92 Dix pièces faciles (Tíz könnyű zongoradarab) pour piano (juin 1908). Éditions : RK 1908, UE sd, EMB 1951 (Schott, SZ).
93 Quatuor n° 1 op. 7 (1908). Éditions : RV 1911, EMB 1956 (SZ).
94 Deux élégies (Két elégia) op. 8b pour piano (2 déc. 1909). Éditions : RK 1910, UE sd.

*95 Aux enfants (Pro děti — Gyermekeknek) pour piano (1909). Éditions : RK sd, UE sd, EMB 1950, BH 1947 (revu). (Cf. aussi 92a et 116a).

*96 Deux danses roumaines (Két román tánc) op. 8a pour piano (2 mars 1910). Éditions : RV 1910, UE sd, EMB 1951.

97 Esquisses (Vázlatok) op. 9b pour piano (1910). Éditions : RK sd, UE sd, EMB 1954.

*98 Quatre nénies (Négy siratóének) op. 9a pour piano (1910). Éditions : RV sd, UE sd, EMB 1955. (Cf. 92a).

*99 Deux images (Két kép) op. 10 pour orchestre (août 1910). Éditions : RV 1912, EMB 1954.

*100 Trois burlesques (Három burleszk) op. 8c pour piano (n° 1 : nov. 1908, n° 2 : mai 1911, n° 3 : 1910). Éditions : RV 1912, UE sd, EMB 1954. (Cf. 92a).

*101 Le Château de Barbe-Bleue (A kékszakállú herceg vára) op. 11, opéra en un acte (septembre 1911). Éditions : UE 1922 et 1963.

102 Allegro barbaro pour piano (1911). Édition : UE 1918.

*103 Quatre anciens chants populaires hongrois (Négy régi magyar népdal) pour chœur d'hommes a cappella (1912). Éditions : UE 1928 et 1955.

104 Quatre pièces (Négy zenekari darab) pour orchestre op. 12 (1912, orchestrés en 1921). Éditions : UE 1923, BH sd.

105 Aux débutants (Kezdők zongoramuzsikája) pour piano (1913). Éditions : RV 1913 et 1929, EMB-Schott 1955.

106 Danse orientale (1913). Édition : Pressburger Zeitung Noël 1913.

*107 Sonatine pour piano (1915). Éditions : RV 1919, UE 1920 EMB-Schott 1951.

108 Danses populaires roumaines (Román népi táncok — Jocuri poporale româneşti) pour orchestre (1917, piano : 1915). Éditions : Piano : UE 1918 ; Orchestre : UE 1922.

109 Colinde roumaines (Román kolindadallamok) pour piano (1915). Éditions : UE 1918, BH sd.

110 Deux chants populaires roumains pour chœur de femmes a cappella — 4 voix — (1915).

111 Neuf chants populaires roumains pour voix et piano (1915).

112 Le Prince de bois (A fából faragott királyfi) op. 13, ballet en un acte (1916). Édition : UE 1924.

113 Cinq chants (Öt dal) pour voix et piano op. 15 (1916). Édition : UE 1966.

*114 Suite op. 14 pour piano (février 1916). Édition : UE 1919.

115 Cinq chants (Öt dal) pour voix et piano op. 16 (avril 1916). Éditions : UE 1923, BH 1939.

*116 Chant slovaque (Priletel vták) pour voix et piano (1916). Édition : EMB-Schott 1963 (Quatre chants slovaques).

117 Chant populaire slovaque (Kruti tono vretana) pour voix et piano (1916 ?). Édition : EMB-Schott 1963.

118 Huit chants populaires hongrois (Nyolc magyar népdal) pour voix et piano (1917). Éditions UE 1922, HS 1939, BH 1955.

*119 Trois chants populaires hongrois pour piano (1917). Édition : BH 1942 (Homage to Paderewski).

120 Quatuor n° 2 op. 17 (1917). Édition : UE 1920.

121 Chants populaires slovaques (Tót népdalok) pour chœur d'hommes a cappella — 4 voix — (1917). Éditions : UE 1918, BH 1939.

122 Quatre chants populaires slovaques (Négy szlovák népdal) pour chœur mixte et piano (1917). Éditions : UE 1924, BH 1939, EMB 1950.

*123 Quinze chants paysans hongrois (Tizenöt magyar parasztdal) pour piano (1918). Éditions : UE 1920, BH 1948.

124 Études pour piano op. 18 (1918). Éditions : UE 1920, BH 1939.

*125 Le Mandarin merveilleux (A csodálatos mandarin) op. 19, pantomime en un acte (mai 1919). Édition : UE 1927.

126 Improvisations sur des chants populaires hongrois op. 20 pour piano (1920). Éditions : UE 1922, BH sd.

127 Sonate pour violon et piano n° 1 (déc. 1921) [op. 21]. Éditions : UE 1923, BH 1939.

128 Sonate pour violon et piano n° 2 (nov. 1922). Édition : UE 1923.

*129 Suite de danses pour orchestre (août 1923). Édition : UE 1924.

*130 Scènes de village (Falun), chants populaires slovaques pour voix de femme et piano (déc. 1924). Édition : UE 1927, BH 1954.

131 Sonate pour piano (juin 1926). Éditions : UE 1927, EMB 1981 (fac-similé).

132 En plein air (Szabádban) pour piano (août 1926). Édition : UE 1927.

133 Neuf petites pièces (Kilenc kis zonogoradarab) pour piano (1926).

134 Concerto de piano n° 1 (nov. 1926). Édition : UE 1928.

135 Trois rondos sur des mélodies populaires (Három rondó népi dallamokkal) pour piano (1927). Édition : UE 1930.

136 Quatuor n° 3 (sept. 1927). Édition : UE 1929.

*137 Rhapsodie pour violon et piano n° 1 (1928). Éditions : UE 1929, BH 1936.

*138 Rhapsodie pour violon et piano n° 2 (1928, revue 1945). Éditions : UE 1929, BH 1939.

139 Quatuor n° 4 (sept. 1928). Édition : UE 1929.

*140 Vingt chants populaires hongrois (Húsz magyar népdal) pour voix et piano (1929).

141 Chants populaires hongrois (Magyar népdalok) pour chœur mixte a cappella (mai 1930). Éditions : UE 1932, BH 1939.

*142 Cantata Profana (A kilenc csodaszarvas [les Neuf Cerfs merveilleux]) pour deux chœurs mixtes, ténor et baryton solos et orchestre (8 sept. 1930). Éditions : UE 1934 (Fac-similé), 1957 et 1961.

*143 Concerto de piano n° 2 (oct. 1931). Éditions : UE 1932 (Fac-similé) et 1955.

*144 Quarante-quatre duos pour violons (1931). Édition (intégrale) : UE 1933.

145 Chants sicules (Székely dalok) pour chœur d'hommes a cappella — six voix — (nov. 1932). Éditions : MK 1938, EMB 1955.

146 Quatuor n° 5 (sept. 1934). Édition : UE 1936.

*147 Chœurs à deux et trois voix — a cappella — (1935). Éditions : MK 1937, EMB 1953.

148 Des temps passés (Elmúlt időkből) pour chœur d'hommes a cappella — trois voix — (1935). Édition : MK 1937.

149 Musique pour instruments à cordes, percussion et célesta (7 sept. 1936). Édition : UE 1937 (EMB).

*150 Sonate pour deux pianos et percussion (août 1937). Édition : BH 1942.

151 Contrastes pour violon, clarinette et piano (24 sept. 1938). Édition : BH 1942.

*152 Concerto de violon (31 déc. 1938). Édition : BH 1946.

*153 Mikrokosmos, pièces pour piano (1939). Éditions : BH 1940, EMB 1951.
154 Divertimento pour orchestre à cordes (17 août 1939). Édition : BH 1940.
155 Quatuor n° 6 (nov. 1939). Édition : BH 1941.
156 Cadences pour le concerto en mi bémol majeur de Mozart — K. 365, deux pianos — (1940 ?).
*157 Concerto (Concerto for orchestra) pour orchestre (8 octobre 1943). Édition : BH 1946.
158 Sonate pour violon seul (14 mars 1944). Édition (Menuhin) : BH 1947.
159 Chant populaire ukrainien (A férj keserve) pour voix et piano (février 1945). Édition : Bartók Béla Levelei, Az utolsó két év gyűjtése (Demény) Budapest 1951 (Fac-similé).
160 Concerto de piano n° 3 (1945) (les quatorze dernières mesures sont instrumentées par Tibor Serly). Édition : BH 1947.
161 Concerto d'alto (1945) (réalisé d'après les esquisses complètes de Bartók par Tibor Serly). Édition : BH 1950.

Catalogue complémentaire

Le catalogue suivant donne la liste des doublons en les numérotant a, b, *par rapport à l'œuvre de référence. Il n'est donc pas tenu compte de la chronologie.*

20*a* Le Cours du Danube, partie de violon (1892-94 ?).
60*a* Valses (Walczer) = Danses n° 1 et 2.
61*a* Le n° 2 est transcrit pour chœur d'hommes.
75*a* Les parties 9 et 10 sont transcrites pour piano. « Marche funèbre » (Gyászinduló) (1903 ou 1904). Édition : RK sd.
78*a* « Première version », pour piano seul (nov. 1904). Édition (intégrale) : EMB 1955.
78*b* Version pour deux pianos à quatre mains (1905). Éditions RV 1910 et 1919 (revue), UE sd.
83*a* Carillon (Harangszó) pour deux voix a cappella (n'a probablement aucun rapport avec n° 83, date et destination inconnues, postérieure à 1905). Édition : Ödön Geszler : Gyakorlati és elméleti énekiskola a polgári fiú- (leány-) iskolák számára II, Budapest 1928-29.
87*a* Transcrite pour deux pianos (1945). Édition : BH 1958.
88*a* Trois chants populaires hongrois (Három Csíkmegyei népdal), transcription pour piano seul (1907). Éditions : RK sd, EMB 1954.
89*a* Second mouvement transcrit pour violon et piano (sd).
92*a* Images de Hongrie (Magyar képek) pour orchestre (août 1931) : transcription d'extraits des œuvres suivantes : n° 92, 95, 98, 100.
95*a* Chant populaire hongrois (Debrecennek van egy vize) pour voix et piano (1936) correspond au morceau 16.
96*a* Danse roumaine pour orchestre (1911) = 1re danse. Édition : EMB 1965.
99*a* Version pour piano seul. Éditions : RV 1912, UE sd, EMB 1953.
101*a* Réduction de piano. Édition : UE 1922.

103*a* Version différente du n° 4 (texte différent aussi).
107*a* Version pour orchestre (1931) « Danses de Transylvanie » (Erdélyi táncok). Éditions : RV 1932, EMB 1955.
114*a* Andante prévu initialement comme second mouvement. Édition : Új zenei szemle 1955/10.
116*a* Quatre chants populaires slovaques pour chant et piano (1907) : les trois premiers se trouvent dans le n° 95, le quatrième dans le n° 116.
119*a* Chant populaire hongrois (Leszállott a páva) pour piano (date inconnue : 1923 ?), version primitive.
123*a* Chants paysans hongrois (Magyar parasztdalok) pour orchestre (1933) (à partir de cinq des chants du n° 123). Éditions : UE 1933 (Fac-similé), BH 1939.
125*a* Transcription pour piano à quatre mains. Édition : UE 1925.
125*b* Suite extraite de la pantomime (1919). Édition : UE 1927.
129*a* Transcription pour piano seul (1925). Édition : UE 1925.
130*a* Trois scènes de village (Falun) : les trois dernières du n° 130, transcrites pour voix de femmes et orchestre de chambre (mai 1926). Édition : UE 1927.
130*b* Le n° 130a avec l'orchestre réduit au piano. Édition : UE 1927.
137*a* Rhapsodie pour violon et orchestre (1928). Édition : UE sd, BH 1939.
137*b* Rhapsodie pour violoncelle et piano (1928). Édition : UE 1930.
138*a* Rhapsodie pour violon et orchestre (1928). Éditions : UE 1929, BH 1949 (révisée).
140*a* Chants populaires hongrois (Magyar népdalok) pour voix et orchestre (1933) (à partir de quatre chants, n° 140). Édition : UE 1933.
142*a* Orchestre réduit au piano. Éditions : UE 1934 (Fac-similé) et 1951.
143*a* Réduction pour deux pianos à quatre mains. Édition : UE 1941.
144*a* Petite suite (Kis szvit) pour piano (1936) (à partir de cinq duos, n° 144). Édition : UE 1938.
147*a* Sept pièces transcrites pour chœur et orchestre scolaire (1937). Éditions : MK 1937, EMB 1962.
150*a* Transcription pour deux pianos, percussion et orchestre (1940). Édition : BH 1970.
152*a* Réduction pour violon et piano. Édition : BH 1941.
153*a* Sept pièces du Mikrokosmos pour deux pianos ou à quatre mains (vers 1940). Édition : BH 1947.
157*a* Réduction pour piano seul (17 janvier 1944).

Catalogue instrumental et typologique

Musique de chambre

Piano
1 à 36, 38, 44, 45, 47, 48, 50, 51, 53, 55, 58 à 60a, 63, 64, 66, 68, 71, 75a, 78a, 88a, 91, 92, 94 à 98, 99a, 100, 101a, 102, 105 à 107, 109, 114, 114a, 119, 119a, 123, 124, 126, 129a, 131 à 133, 135, 144a, 153, 156, 157a.
Piano à quatre mains (ou deux pianos, et avec percussion)
78b, 87a, 125a, 143a, 150, 153a.
Violon
39 à 41, 158.

Deux violons
69, 144.
Violon et piano
20a, 37, 49, 70, 72, 89a, 127, 128, 137, 138, 152a.
Violon, clarinette et piano
151.
Flûte et piano
88.
Quatuors à cordes
42, 43, 56, 93, 120, 136, 139, 146, 155.
Quatuor avec piano
52.
Quintettes avec piano
46, 77.

Musique vocale et scénique

Musique de scène ou pour voix et orchestre
57, 101, 112, 125, 130a, 140a, 142, 147a.
Chœurs mixtes
(a cappella :) 61, 141.
(avec piano :) 122, 142a.
Chœurs de femmes (ou d'enfants, a cappella)
83a, 110, 147.
Chœurs d'hommes (a cappella)
61a, 74, 103, 103a, 121, 145, 148.
Chants pour voix seule et piano
54, 62, 67, 73, 76, 80, 81, 83 à 86, 95a, 111, 113, 115 à 118, 116a, 130, 130b, 140, 159.

Musique symphonique et concertante

Orchestre seul
65, 68, 75, 82, 87, 90, 92a, 96a, 99, 104, 107a, 108, 123a, 125b, 129, 149, 154, 157.
Piano et orchestre
78, 79, 134, 143, 150a (2 p. avec perc.), 160.
Violon et orchestre
89, 137a, 138a, 152.
Alto et orchestre
161.
Violoncelle et orchestre
137b.

Discographie

Ce catalogue ne comprend que des enregistrements dits « historiques », la discographie bartókienne étant bien trop importante et inégale pour figurer ici, d'autant qu'on la trouve aisément dans les catalogues annuels de disques.

La première série de coffrets rassemble la nouvelle collection de la firme hongroise Hungaroton, qui paraîtra fin 1981 et début 1982 et qui comprendra tous les enregistrements historiques connus.

La seconde série comprend les trois meilleurs disques séparés de Bartók jouant au piano.

Première série

(Centenary Edition of Bartók's Records, HUNGAROTON).

VOLUME 1 : *Bartók au piano (1920-1942)* — LPX 12326-33 (huit disques).
Il s'agit de la collection complète des enregistrements officiels de Bartók, qui ont déjà paru séparément sur disques.

VOLUME 2 : *Enregistrements privés de Bartók (1912-1944)* — LPX 12334-38 (cinq disques).
Tous ces enregistrements sont inédits ; ils comprennent les meilleurs moments de Bartók au piano, mais de nombreuses œuvres ne sont enregistrées qu'en fragments.

VOLUME 3 : *Musique populaire hongroise (1905-1918)* — LPX 18058-60 (trois disques).
Enregistrés par Bartók, ces morceaux sont publiés ici avec sa transcription dans le livret explicatif. Sélection de László Somfai.

Seconde série

TURNABOUT N° THS 65010
Bartók plays Bartók (et avec sa femme, Ditta Pásztory)
Seconde bagatelle (catal. n° 91).
Rondo n° 1 (catal. n° 135).
Petite suite (catal. n° 144a).
Preludio all'ungherese (catal. n° 133).
Trois des Sept pièces (extraits, catal. n° 153a).
Improvisations... (extraits, catal. n° 126).
Trois chants populaires hongrois (catal. n° 119).

ODYSSEY N° 32.16.0220
Legendary Performances (avec Benny Goodman et József Szigeti)

Extraits du Mikrokosmos (catal. n° 153).
Contrastes (catal. n° 151).

VANGUARD VRS 1130-31 OU QUALITON LPX 11373-74
A Sonata Recital by Joseph Szigeti and Béla Bartók (13 avril 1940)
Beethoven : Sonate à Kreutzer, op. 47.
Debussy : Sonate pour violon et piano.
Bartók : Première rhapsodie pour violon et piano (catal. n° 137).
Seconde sonate pour violon et piano (catal. n° 128).

Index

ANSERMET Ernest, 52, 180.
ARANY János, 181.
BACH Carl Philipp Emanuel, 98.
BACH Johann Sebastian, 16, 28, 35, 37, 46, 84, 91, 93, 96, 98, 185.
BACKHAUS Wilhelm, 24, 176 s.
BARTÓK Béla junior, 41, 179, 182.
BARTÓK Béla senior, 15, 175.
BARTÓK Elza, 31, 41, 177.
BARTÓK Ditta, 39, 179.
BATKA János, 96, 184.
BEETHOVEN Ludwig van, 8, 25, 28, 46, *87*, 93, 98 s, 105 s, 178, 184.
BEKIR Ali, 159 s.
BELAÏEV Vasil, 151.
BERLIOZ Hector, 68, 102, 185.
BEU Octavian, 44, 179.
BLAGA Lucian, 8.
BOULT Adrian, 52.
BRAHMS Johannes, 16, 44, 92, 101, 105, 116, 184.
BRĂILOIU Constantin, 190.
BURK John N., 181.
BUSONI Ferruccio, 81.
CHOPIN Frédéric, 98, 143, 177.
CHRISTOV Dobri, 147.
CONDAT Mme, 31.
COUPERIN François, 95.
CREEL Wilhelmine, 36 ss, 178.
CSÁTH Géza, 182.
DANTE Durante, 105.
DEBUSSY Claude, 8, 19, 44, 69, 75, 107 s.
DELIUS Frederick, 32 s, 178.
DIETL Lajos, 32, 178.
DOHNÁNYI Ernő, 16, 25, 41, 106, 176,
184, 186.
DOMOKÓS Péter Pál, 151.
ENESCO Georges, 183.
ERKEL Ferenc, 16, 181.
ERKEL László, 16.
FALLA Manuel de, 83.
FITZNER Rudolf, 17.
FLEISCHER Antal, 34.
FRESCOBALDI Girolamo, 91.
GERGELY Jean, 178.
GEYER Stefi, 23, 35, 178.
GOUNOD Charles, 26.
GRUBER Francis, 32, 178.
HÁBA Alois, 183.
HÆNDEL Georg Friedrich, 91, 184.
HARSÁNYI Kálmán, 181.
HAUER, 185.
HAYDN Joseph, 181.
HITLER Adolf, 190.
HUBAY Jenő, 34.
JOACHIM, 186.
JURKOVICS Irmy, 24 ss, 177.
KÁROLYI Mihály, 177.
KATSAROVA Raina, 154 s.
KISFALUDY Sté, 33 s, 177 s.
KODÁLY Zoltán, 18 s, 33 s, 41, 92, 176 ss, 182, 184, 187 s.
KOESSLER János, 16.
KOSSUTH Louis, 56 ss, 176.
KOUSSEVITSKY Fondation, 37, 181.
KUN Béla, 177.
LATZKO Ernst, 46 s, 180.
LISZT Franz, 16, 18, 28.
MANDL Richard, 32, 178.
MAUPASSANT Guy de, 26.
MENUHIN Yehudi, 35, 37, 179, 183.
MITROPOULOS, 37.
MOLIÈRE, 87, 91.
MOZART Wolfgang Amadeus, 8, 35, 46, 98, 181, 189.
MÜLLER-WIDMANN Annie, 35 s, 178.

Murillo Bartolomé Esteban, 25.
Nietzsche Friedrich, 29.
Nüll Edwin von der, 46, 180.
Ouspensky Vasil A., 151.
Pailleron Édouard, 26.
Palestrina Giovanni Pierluigi, 96.
Papp Viktor, 178.
Parrish Dorothy, 40.
Pásztory Ditta, 39, 179.
Petersen Ilse, 47, 180.
Prill Quatuor, 17.
Purcell Henry, 98.
Raghib-Gazimihal Mahmud, 192.
Rameau Jean-Philippe, 95, 98.
Raphaël Raffaello Sanzio *dit*, 25.
Ravel Maurice, 107 s.
Richter Hans, 17.
Rodzinski Arthur, 179.
Rosbaud Hans, 52.
Sacher Paul, 180.
Scarlatti Domenico, 95, 98.
Scheidt Robert von, 47, 180.
Schenker Heinrich, 99.
Schœnberg Arnold, 74, 77 s, 81, 183.
Schubert Franz, 28, 44.
Schulthess Walter, 35, 177.
Schumann Robert, 92, 184.
Seaton-Watson R.W., 179.
Shakespeare William, 90.
Spivakovsky Tossy, 179.
Stoïn Vasil, 147 s.
Stradella Alessandro, 91, 184.
Strauss Richard, 17 s, *25*, 69, 75.
Stravinsky Igor, 19, 81, 83, 87 s, 144, 184.
Székely Zoltán, 179.
Szenkár Jenő, 180.
Tango Egisto, 21, 176.
Tchaïkovsky Piotr, 143.
Thomán István, 16, 176, 186.
Thomas Albert, 26.
Vadász Zsigmond, 185.
Vigée-Lebrun Élisabeth, 25.
Vikár Béla, 151, 187.
Vinci Léonard de, 25.
Voit Paula, 15, 31, 175, 177.
Wagner Richard, 16, *25*, 28, 75, 101, 105, 143, 185, 186.
Weingartner Felix, 25.
Wesendonck Mathilde, 186.
Wood Carl Paige, 40.
Wood Henry Sir, 52.
Ziegler Márta, 67 ss, 112 ss, 181, 187.

Table des matières

Préface 7

PREMIÈRE PARTIE

Autobiographie 15

Personnalité 23
Lettre à Irmy Jurkovics 24
Lettre à sa mère 31
Lettre à Frederick Delius 32
Lettre ouverte à la Société Kisfaludy 33
Lettre à Annie Müller-Widmann 35
Lettre à Wilhelmine Creel (1) 36
Lettre à Wilhelmine Creel (2) 40

Musique 43
Lettre à Octavian Beu 44
Lettre à Edwin von der Nüll 46
Lettre à Ernst Latzko 46
Analyse du Deuxième concerto de piano 48
Sonate pour deux pianos et percussion 52
Concerto pour orchestre 54
Kossuth, poème symphonique 56

DEUXIÈME PARTIE

La Musique d'aujourd'hui 67
Lettre à Márta et Herma Ziegler (a) 67
Le rôle du piano dans la musique contemporaine 69

L'orientation technique, esthétique et spirituelle de la musique contemporaine 70

COMPOSITION ET ESTHÉTIQUE 73
Le problème de la nouvelle musique 74
De l'influence de la musique paysanne sur la musique savante d'aujourd'hui 82

LA MUSIQUE D'AUTRUI 95
Lettre à János Batka 96
Lettre à la Société des Nations — C.I.C.I. 97
La musique de Liszt et le public d'aujourd'hui 101
Le rôle de la musique française au début du XXe siècle 107

TROISIÈME PARTIE

LES CARPATHES ET LA VALLÉE DU DANUBE 111
Lettre à Márta Ziegler (b) 112
Musique populaire hongroise 115
Musique populaire roumaine 129
Ce qu'on appelle le rythme bulgare 142

HORS D'EUROPE 157
Collecte de chansons populaires en Turquie 158
Musique arabe 167

NOTES 173
Préface 175
Première partie 175
Deuxième partie 182
Troisième partie 186

ANNEXES 193
Chronologie comparative 195
Catalogue des œuvres musicales 211
Discographie 221
Index 223

ACHEVÉ D'IMPRIMER
LE 17 DÉCEMBRE 1980
SUR LES PRESSES DE
L'IMPRIMERIE HÉRISSEY
A ÉVREUX (EURE)
POUR LE COMPTE DES ÉDITIONS STOCK
14, RUE DE L'ANCIENNE-COMÉDIE, PARIS-6e

Imprimé en France

N° d'Éditeur : 4247
N° d'Imprimeur : 26690
Dépôt légal : 1er trimestre 1981
54-21-3010-01
ISBN 2-234-01367-4

H / 54-3010-3